AF347073

LE

GRAND CARNOT

CHANSONNIER

ÉTUDES HISTORIQUES & LITTÉRAIRES

LE

GRAND CARNOT

CHANSONNIER

PAR

Gaston LAVALLEY

Un Sauveteur de Monuments en 1793
Le Meurtre du Baron d'Aché en 1809
Un Poète bas-normand inédit, Bernardin Anquetil, 1755-1826
La Légende du Roi-Soleil
Un Courtisan de Lettres (Gabriel Naudé)
Histoire d'une Correction (1656)

PARIS   CAEN

A. PICARD & FILS, Editeurs   Louis JOUAN, Editeur

82, RUE BONAPARTE   98, RUE SAINT-PIERRE

LE GRAND CARNOT CHANSONNIER

LE GRAND CARNOT

CHANSONNIER

Au moyen âge la langue poétique était fort
honorée dans la Flandre, l'Artois et la Picar-
die. Dès le XIIe siècle les trouvères de ces
trois provinces avaient formé entre eux une
association, sorte d'académie qui prit le nom
de *Puy d'Arras*. Ce mot, qui signifiait un
lieu élevé, ne rappelait pas seulement le mont
Parnasse habité par les Muses ; il désignait
aussi les concours de poésie que cette Société
ouvrait chaque année en plein air, sur l'herbe
fleurie, d'où le nom de *Puys verds* qu'on
donna quelquefois à ces assises littéraires.

Au XVIIIe siècle il y eut comme un regain
de ces vieux usages poétiques jusque dans les
classes populaires. Car nous voyons plusieurs
ateliers d'imprimerie d'Arras composer, vers
1774, des épithalames et des quatrains à l'occasion du mariage de leurs patrons (1).

(1) *Mémoires de l'Académie d'Arras*, année 1858,
tome XXX, pp. 235 et suiv.

Parmi les lettrés de l'endroit on rimait plus régulièrement depuis longtemps dans l'Académie royale, fondée en 1737, mais peut-être moins joyeusement. Ce fut sans doute ce que dut penser un des jeunes poètes de l'Académie, Le Gay, que son nom semblait prédestiner à courtiser la Muse badine.

Un beau matin, il conduit quelques amis dans un des faubourgs d'Arras, à Avesnes, sur les bords de la Scarpe. On s'attable dans un jardin bien ombragé, sous un berceau de troène et d'acacia. En sablant le champagne chacun lit, ou improvise sa pièce de vers. Tout à coup un des jeunes gens apporte des centaines de roses fraîchement cueillies. On se les distribue, on s'en fait des couronnes, on en lambrisse les murailles de verdure du berceau. C'est une griserie de couleurs et de parfums ! On boit à la reine des fleurs, et l'un des convives — était-ce Le Gay ? — s'écrie : « Amis, qu'un jour si beau renaisse tous les ans et qu'on l'appelle la *Fête des Roses !* »

La proposition fut accueillie avec enthousiasme et, de ce jour, fut fondée la Société chantante et littéraire des *Rosati*, qui devint assez célèbre pour que Paris voulût plus tard avoir aussi la sienne.

On ne peut en effet rien imaginer de plus jeune et de plus charmant que les statuts, non homologués par le pouvoir central, de cette académie d'improvisateurs. Le tapis vert n'était pas sous les coudes, mais sous les

pieds ; car la table rustique, autour de laquelle
on prenait place, reposait sur le plus fin
gazon. Comme murailles et plafond des feuilles
soutenues par un treillage.

Pour présider, le buste de La Fontaine entre
ceux de Chapelle et de Chaulieu, tous les trois
couronnés des fleurs qui avaient donné leur
nom à la Compagnie. Chaque couvert était
marqué par un bouquet entre deux bouteil-
les (1). C'était le printemps qui vous envoyait
les lettres de convocation ; car on se réunis-
sait aux premières roses et tout finissait avec
les dernières à l'automne. Et quand on recevait un nouveau compagnon de la *gaie science*,
ce n'était pas un sec diplôme sur parchemin
qu'on lui délivrait, mais une pièce de vers
pleine d'entrain, à laquelle il devait répondre
en rimes également joyeuses.

Plusieurs de ces diplômes, qui nous ont été
conservés, offrent en quelque sorte la didactique du genre. C'est ainsi que le poète historiographe de la Compagnie, Le Gay, fixe (2)
la durée de leurs séances éphémères :

> Voici donc les dernières roses ;
> Voici notre dernier festin.
> Il n'est qu'un temps pour toutes choses ;
> Plaisirs, fleurs ont le même destin.
>
> . . . .

(1) Cette disposition est indiquée dans un frontis-
pice gravé de la 2⁰ édition de *Mes Souvenir*, par
Le Gay, publiée à Caen en 1788, chez Manoury.

(2) *Aux Rosati, à la dernière assemblée de 1787*,
dans *Mes Souvenirs*, p. 209 du tome 1ᵉʳ de l'édition
de 1788.

> Adieu, ma Rose ; adieu, ma coupe ;
> Mes chers amis, séparons-nous ;
> Mais dans ces lieux, joyeuse troupe,
> Au mois de mai retrouvez-vous.

Dans un autre diplôme, délivré à M. le comte de La Roque-Rochemont, le chancelier de l'Ordre anacréontique des *Rosati* détermine le but et le caractère de leurs réunions :

> Nous Rosati, troupe gaillarde,
> Guerriers nouveaux, qui, pour cocarde,
> Portons des roses en bouquet,
> Un grand verre au lieu de mousquet.
> Pour chef, avons le Dieu folâtre
> Qui des autres dieux se moquait ;
> Nous, dont chacun sait comme quatre
> Se signaler dans un banquet,
> Et même, avec succès, combattre
> Une amazone à l'œil coquet ;
> Nous, qui fuyons en tout la gêne,
> Et, loin d'imiter Diogène
> Vanté par de francs étourneaux,
> Aimons mieux, suivant nos systèmes,
> Loger le vin dans nos tonneaux
> Que de nous y loger nous-mêmes,
> Nous, qui pourtant n'abusons pas,
> Ne buvons point jusqu'à la lie,
> Et souffrons que vers la Folie
> La Sagesse guide nos pas (1).

C'était un peu une réminiscence du Caveau fondé en 1729 par Piron, Collé et Crébillon fils, mais avec une philosophie épicurienne moins libre, et une tenue plus correcte. Pour

(1) *Mes Souvenirs*, 3e édition. p. 109.

éviter certains abus, les *Rosati* (1) n'admettaient que des associées étrangères à la ville d'Arras. Et l'on ne compte guère qu'une exception à cette règle rigoureuse. La récipiendaire, désignée sous les initiales de Mme Ch.... parut même un peu embarrassée de la faveur grande qu'on lui faisait lorsque vint, dans la cérémonie d'initiation, le moment de l'accolade obligatoire. Son émotion fut traduite en vers par le chancelier Le Gay dans le couplet suivant :

> Sur ton visage
> Quelle purpurine couleur !
> Permets-moi le baiser d'usage,
> Je croirai reprendre la fleur
> Sur ton visage.

Après cet instantané poétique, comme pour achever de la déconcerter, un des *Rosati* ajouta :

> Ah ! combien je crains désormais
>   Pour nos vives orgies !
> En vain brillera le vin frais
> Dans nos coupes rougies.
>   A côté de la
>   Sapho que voilà.
> De cette enchanteresse.
>   Le vin restera :
>   Elle nous fera
> Bientôt changer d'ivresse (2).

(1) Sur les *Rosati d'Arras*, voir les *Sociétés badines*, par ARTHUR DINAUX, tome 2 ; *Histoire de Robespierre*, par ERNEST HAMEL, tome 1er, pp. 26 et suiv. ; *Quelques poésies de Maximilien Robespierre*, par JEAN BERNARD, dans la *Révolution française, revue historique*, tome IXe, pp. 97 et suiv.

(2) *Couplets à Mme Ch... que l'on recevait Rosati*, dans le tome 1er, p. 156, de *Mes Souvenirs*, édition de 1788.

Il était grand temps, comme on le voit, de revenir aux sages prescriptions du règlement, qui apprenait à quelques gens d'esprit la manière de philosopher le verre en main sans trop d'écarts. En renonçant à l'action pour se contenter de chanter l'amour, les *Rosati* purent donc demander de nouvelles recrues aux âges et aux états les plus divers.

Sous le berceau de roses de la société anacréontique, à côté des plus jeunes, on voyait en effet quelquefois des vieillards, comme Harduin, le savant secrétaire perpétuel de l'Académie, qui ne manquait aux joyeux rendez-vous que lorsque ses douleurs le clouaient sur un lit de repos.

C'était une vraie mosaïque de positions et de caractères disparates, liés seulement par le même désir de s'égayer dans un repas bachico-littéraire. Autour de la même table s'asseyaient des artistes, des magistrats, des abbés, des avocats, des officiers du corps du génie, des professeurs de théologie, et l'un, en face de l'autre, buvant aux roses et rimant sur l'art d'aimer, deux hommes qui devaient se retrouver plus tard, ennemis, mais rivés par la politique, dans le Comité de salut public : Maximilien Robespierre et Lazare Carnot !

D'après les *Mémoires de Carnot par son fils* 1 , la Société des Rosati d'Arras aurait

(1) Tome Ier, p. 96.

envoyé, « dès 1780, son diplôme à Carnot, alors en garnison dans cette ville ». Nous n'avons pas, malheureusement, la réponse que dut y faire celui qu'on a appelé l'*Organisateur de la victoire*; car les vers, lus ou chantés par les membres de la Société anacréontique, et même ses procès-verbaux, n'étaient conservés que sur des feuilles volantes. Quelques-uns seulement furent imprimés par Le Gay dans son premier tome de *Mes Souvenirs* [1], édition de 1788; mais les couplets du jeune officier du génie n'y figurent pas.

Carnot était tout naturellement désigné au choix des *Rosati* par ses jolies chansons ou romances, dont plusieurs parurent dans des recueils du temps. De 1787 à 1792, inclusivement, nous en rencontrons une reproduite dans l'*Esprit des Journaux* et douze imprimées par l'*Almanach des Muses*. Pour ne pas compromettre l'uniforme de l'officier, tout en donnant satisfaction à l'amour-propre de l'auteur, ce dernier recueil les attribuait d'une façon bien transparente à « M. Carn**, capitaine au corps royal du génie, de l'Académie de Dijon ». En 1792, il publiait le *Fils de Vénus*, par « M. Carn**, député à l'Assemblée nationale législative ».

____

(1) Une note de Le Gay, à la page 112 de sa 3ᵉ édition de *Mes Souvenirs*, publiée en 1819, nous apprend qu'il se proposait de former un recueil des vers, chantés ou lus, sous le berceau des roses; nous croyons que cette bonne résolution est restée à l'état de projet.

Ainsi, à cette date, en pleine crise révolutionnaire, le grand patriote, le puissant génie militaire qui devait bientôt, les yeux fixés sur la carte et le compas à la main, créer la guerre scientifique, cet esprit étonnant trouvait encore le moyen de se délasser de ses austères travaux en rimant des vers badins comme ceux-ci :

> Qui définira cet enfant,
>   Aussi vieux que le monde ?
> . . . .
> C'est lui que célébrait Sapho
>   Qu'on adorait à Gnide ;
> Qui desséchait la nymphe Echo,
>   Brûlait la Néréide...
> . . . .
> Qui rend si fier, qui rend si doux,
>   Si tendre, si coquette ;
> Si confiant et si jaloux,
>   Si vive et si discrète ;
> Qui cède pour tout gagner,
> Qui se soumet pour mieux régner ;
>   Qu'on fuit et qu'on regrette.
> . . . .

Mais n'anticipons pas et revenons aux *Rosati*, dont le nouvel élu fut sans doute un des chansonniers les plus brillants. Sa verve était toute de bon sens et de belle humeur. Dans son invocation à Bacchus, à l'Amour et aux Illusions légères, il y a ce joli vers :

> Venez réaliser des biens imaginaires

qui est, en quelque sorte, la poétique du genre qu'il préférait. Car il ne rimait pas seulement pour se donner le plaisir de renfermer quelque amusant badinage entre des consonances heureuses; il voulait, avant tout, se délasser de travaux sérieux [1].

Quoique jeune encore et sans ambition, puisqu'il ne devait son grade de capitaine du génie qu'à l'ancienneté, Carnot avait eu déjà à se plaindre de l'injustice des hommes. L'admirable indépendance de son caractère et son ardent amour pour la vérité, qui l'avait porté à se séparer des opinions officielles en matière de fortification, lui avaient attiré la haine de ses supérieurs. N'ayant pu obtenir, malgré toutes leurs démarches, la cassation du jeune officier, ceux-ci trouvèrent enfin un prétexte pour le faire embastiller au château de Béthune.

Carnot se consola de cette première persécution en chantant des couplets avec ses joyeux compagnons du berceau des Roses. Quelques-unes de ses chansons d'alors, comme celle qui est intitulée: *Je ne veux pas*, eurent un grand retentissement dans le pays, et valurent à son auteur une réputation bien méritée d'homme d'esprit. Certaines de ses productions frivoles avaient même une facture si enlevée qu'on les attribua au chevalier de Boufflers [2]. Mais c'était se tromper grossièrement. Dans les badinages les plus osés

---

(1) Pendant l'année 1783 seulement, il avait composé son *Éloge de Vauban* et son *Essai sur les machines*, où il émit un théorème nouveau qui porte encore son nom.

(2) « L'une de ses plus jolies chansons: *Jamais et pourtant*, fut attribuée au chevalier de Boufflers.

de Carnot, on ne trouverait pas un seul vers licencieux et, s'il rappelait l'auteur des *Contes en vers*, c'était seulement par la grâce de l'allure et le charme de l'esprit.

Gai naturellement, à ses heures, Carnot disait bien ce qu'il voulait dire, avec cet art délicat qui sait rester convenable dans un sujet risqué. Il n'imitait personne et aurait peut-être pu, sans en avoir la prétention, offrir à d'autres des modèles. C'est du moins ce que pensait Béranger, qui faisait plus tard cet aveu à l'auteur des *Mémoires sur Carnot* : « Tout jeune, j'étais déjà à la poursuite des bonnes chansons, et l'*Almanach des Muses* m'en avait fait connaitre d'excellentes, signées par M. Carnot, officier du génie. »

Désaugiers aussi n'aurait-il pas tiré quelque profit de la lecture des pièces légères, publiées avant la Révolution par l'un des meilleurs poètes de la Société badine des Rosati ? Qui ne verrait une certaine analogie entre les *Souvenirs nocturnes de Monsieur et Madame Denis* et *Jamais et pourtant*, qui parut pour la première fois dans l'*Almanach des Muses* de 1787 ?

La chanson est assez réussie pour que le lecteur prenne plaisir à faire lui-même un

qui ne se défendait pas trop de la paternité, et qui, longtemps plus tard, collègue de l'auteur à l'Institut, en plaisanta beaucoup avec lui. » *Mémoires sur Carnot, par son fils*, tome Ier, p. 96.

rapprochement entre deux pièces, qui nous
semblent avoir une source d'inspiration commune.

JAMAIS ET POURTANT

ou

CONVERSATION QUE J'EUS L'AUTRE JOUR

AVEC MADAME GERTRUDE

Dites-moi, madame Gertrude,
Fûtes-vous belle en votre tems ?
— Jamais, me répondit la prude ;
La beauté perd les jeunes gens.
Pourtant j'avais la peau tendue,
Mon œil n'était point éraillé :
Même on prétend que l'on m'a vue
Ayant l'air assez éveillé.

Dites-moi, madame Gertrude,
Eûtes-vous jadis quelque amant ?
— Jamais, me répondit la prude ;
Aimer est un crime trop grand.
Pourtant on n'était pas de glace,
Lindor a voulu m'en conter ;
Lindor avait beaucoup de grâce ;
J'eus peine à ne pas l'écouter.

Dites-moi, madame Gertrude,
N'a-t-il jamais su vous toucher ?
— Jamais, me répondit la prude ;
J'appréhendais trop de pecher.
Pourtant, m'ayant un jour de fête
Demandé par grâce un baiser,
Séduite par son air honnête
Je ne sus pas le refuser.

Dites-moi, madame Gertrude,
Ne succombâtes-vous jamais ?
— Jamais, me répondit la prude :
Dieu sait la peur que j'en avais.
Pourtant, certain soir de carême,
Je l'appelai, pour le prêcher ;
Mais il prêcha si bien lui-même
Qu'il me fit, je crois, trébucher.

Dites-moi, madame Gertrude,
Avez-vous trébuché souvent ?
— Jamais, me répondit la prude ;
Sinon dans ce fatal instant.
Pourtant, au bout de la journée,
Quand j'allais au bois sommeiller,
J'étais souvent tout étonnée
Que Lindor vint m'y réveiller.

Dites-moi, madame Gertrude,
Trébucheriez-vous bien encor ?
— Jamais, me répondit la prude ;
J'aimerais cent fois mieux la mort
Pourtant, à quelque complaisance,
S'il fallait pour vous consentir,
Je tâcherais, avec décence,
De contenter votre désir.

Dites-moi, madame Gertrude,
Du ciel est-ce là le chemin ?
— Jamais, me répondit la prude,
Je n'en connus de plus certain.
— Ah ! votre bonté me pénètre,
Répondis-je à ce propos-là ;
Pourtant, si vous daignez permettre,
Je me sauverai sans cela.

La Muse du capitaine du génie n'était pas toujours folâtre : elle savait aussi faire entrer dans ses couplets des situations poignantes, comme dans la *Romance attribuée à une*

religieuse, où nous trouvons cet écho des
souffrances d'une âme qui se plaignait d'être
emprisonnée entre les murs d'un cloître :

> Le doux abandon de soi-même,
> Le tendre épanchement des cœurs,
> Offense ici l'Être Suprême,
> Tandis qu'il les commande ailleurs.
> Le souffle de ma triste vie
> S'éteindra sans s'être transmis :
> Ici l'existence est suivie
> Du néant où Dieu nous a pris.

Mais le chansonnier ne soupirait pas longtemps sur ce ton mélancolique. En vrai Rosati qu'il était, il revenait vite aux refrains
bachiques ou badins, comme dans sa jolie
pièce de la *Revue des Amours*, où la déesse
de Cythère passe triomphante sur le front de
ses troupes :

> Moi, je suis l'Amour platonique,
> Dit alors un jeune agrégé :
> Vénus reprit d'un ton comique :
> Moi, je te donne ton congé.

C'est de cette plume alerte que Carnot écrivait la plupart des compositions qu'il lisait
ou chantait sous le berceau des roses. Il est
fort regrettable que les procès-verbaux de la
célèbre société littéraire d'Arras ne nous
aient pas conservé la romance, que le capi-
taine-poète dut chanter le jour de sa réception,
ni les vers de circonstance qu'il lui fallut, à
son tour, improviser lorsqu'il était chargé
d'accueillir quelque nouveau confrère.

Nous savons seulement qu'il prononça le discours d'usage dans la séance du 22 juin 1787, lorsqu'on reçut M. Foacier de Ruzé, avocat général au Conseil d'Artois.

« Les applaudissements ayant ébranlé le
» berceau de Flore, nous dit le procès-ver-
» bal [1], on remplit les verres ; M. Le Gay
» tirant de sa poche le joyeux diplôme, sur-
» monté d'une couronne de roses vermeilles
» peintes par M. Begaigne, en fit la lecture
» à la grande satisfaction de tout le conseil.
» MM. de Charamond et Leducq présentèrent
» à M. de Ruzé la rose et le verre.

» Ce fait accompli, on procéda à la céré-
» monie du baiser et l'on entendit une voix
» qui chanta, en détonnant, les couplets sui-
» vants, dans lesquels il n'y avait de faux que
» le faux ton du chanteur, M. de Robespierre. »

Ce fragment de procès-verbal, heureuse-ment échappé à la destruction, nous montre Carnot et Robespierre assis à la même table, sous le berceau des roses, et prenant une part active à la réception d'un Rosati.

La réponse de Robespierre se compose de neuf strophes de vers de huit pieds, où le jeune avocat adresse des louanges intermina-bles au récipiendaire. En voici la dernière :

> Des guirlandes qui vous sont chères
> Aimez donc aussi les appas.
> Et, dès cet instant, à vos frères
> Ouvrez votre cœur et vos bras.

[1] *La Jeunesse de Robespierre*, par M. Paris, p. 180.

> Pardon, Amour, pardon, Glycère,
> Je conviens que, dans ce moment,
> A vos doux baisers je préfère
> Celui d'un magistrat charmant.

Nous avons tenu à citer ce passage, parce qu'il y a une curieuse comparaison à faire entre la manière des deux poètes amateurs, réunis par le hasard sous le berceau des roses de la Société d'Arras. Même dans ces jeux d'esprit, où l'on faisait en vers l'éloge de la beauté, de la rose et du vin, Carnot chansonnier pouvait passer pour un maître dans l'art de développer un sujet avec concision. Son rival, au contraire, dans les quelques pièces qui nous sont parvenues, sauf dans sa réponse de réception dont la facture est plus soignée, se montre toujours filandreux. La verbosité fut un des défauts de Robespierre ; qu'il écrivît en prose ou en vers, il ne savait pas être court. Membre de l'Académie d'Arras depuis 1783, nous le voyons, en 1786, prendre pour sa part sept quarts d'heure sur une séance publique, qui fut remarquée pour sa longueur extraordinaire 1 .

Nous ne voulons pas tirer de trop grosses conséquences de ces petits faits littéraires, qui ne peuvent qu'apporter quelques documents dans le débat qu'on a soulevé au sujet des relations de Robespierre et de Carnot avant la Révolution. Dans son *Histoire de*

(1) *Histoire de l'Académie d'Arras*, par E. VAN DRIVAL, p. 61.

Robespierre, où il essaie de prouver qu'il y eut intimité entre ces deux hommes, M. Ernest Hamel, entre autres arguments, cite un passage d'une pièce de vers : *la Coupe vide*, où Robespierre boit *A l'ami Carnot* : mais, dans ce même couplet, au début, l'auteur dit à tous les autres Rosati :

> *Amis*, de ce discours usé
> Concluons qu'il faut boire.

Toutes ces qualifications poétiques n'ont donc d'autre valeur qu'un compliment académique de bienvenue, et il ne faudrait pas y attacher plus d'importance qu'elles n'en comportent.

Certainement Carnot et Robespierre ont dû se rencontrer souvent à Arras, soit à l'Académie, assemblée plus sérieuse que la société des Rosati, soit sous le berceau des roses, soit chez un ami commun : Antoine Buissart, savant distingué avec lequel l'officier du génie eut une correspondance suivie de 1791 à 1804. Mais faut-il en conclure qu'il y eut entre eux sympathie ? Tout semble au contraire nous indiquer qu'il y eut, dès l'origine, incompatibilité d'humeur entre ces deux esprits. Se voir, se réunir, ce n'est pas une preuve que l'on se recherche et qu'on s'aime. Il y a des frères ennemis qui vivent vingt ans sous le même toit, avant d'afficher publiquement leur hostilité. Carnot n'attendit pas si longtemps que cela pour rompre avec son ancien collè-

gue des Sociétés savantes ou badines de
l'Artois.

Comme chez beaucoup de Rosati, le goût
des vers ne dura chez Robespierre que « ce
que vivent les roses », l'espace d'un matin
pour la fleur, le printemps du cœur pour
l'homme. Si les vers qu'on écrit à cet âge
sont, comme on l'a dit, des péchés de jeunesse, il faut bien avouer au contraire que
Carnot, après s'être damné volontairement
toute sa vie, mourut dans l'impénitence finale :
car il ne cessa jamais, même dans les circonstances les plus douloureuses, de se délasser
de ses travaux scientifiques et militaires en
composant des romances, ou des chansons.

Ces compositions ne furent pas toujours un
simple amusement littéraire ; quand il commençait son *Retour à ma chaumière* par
ces vers :

> Vieille chaumière, à ton aspect
> Mes yeux se remplissent de larmes.

et qu'il ajoutait plus loin en s'adressant à de
jeunes bergers :

> La paix reviendra dans mon cœur
> Avec vos chansons pastorales ;
> Je retrouverai le bonheur
> Autour de vos tables frugales.

il trouvait, moins sous la plume du lettré que
dans son cœur ulcéré de patriote, une note
vraie et personnelle. Comme Phèdre soupi-
rant : « Oh ! que ne suis-je assise à l'ombre

des forêts ! » comme tous ceux qui souffrent d'une passion déçue ou de l'injustice des hommes, il aspirait au repos et tournait les yeux vers le calme recueilli de la vie des champs.

Carnot était alors un des Directeurs, et, comme il avait parlé de donner sa démission, ces couplets eurent un certain retentissement. Beffroy de Reigny les mit en musique et les fit chanter sur le *Théâtre de la Cité*, d'où ils se répandirent dans le public. La politique s'en mêlant, on leur donna l'importance d'un événement. Mais, en vérité, ils ne méritaient pas qu'on s'en occupât si longtemps. Sauf les quelques vers que nous y avons choisis, il ne s'y rencontrait rien qui fût à la hauteur des sentiments qui les avaient inspirés.

« Au Comité de salut public, où se heurtaient des passions grandioses, Carnot avait trouvé un théâtre digne de son âme 1 » ; mais les basses intrigues d'un Barras, qu'il rougissait d'avoir pour collègue, l'avaient profondément écœuré. Il y avait aussi en lui tout un vieux fonds d'amertume amassé depuis qu'il était au pouvoir. Plusieurs fois calomnié — et la calomnie à ce moment-là menait droit à l'échafaud — il confondit chaque fois ses calomniateurs, ou les souffleta d'un bienfait 2 .

(1) *Mémoires sur Carnot, par son fils*, tome II, p. 96.
(2) Dénoncé devant le *Comité de Salut public*, Carnot, après s'être justifié, déposa sur le bureau des pièces manuscrites et imprimées, qui contenaient

S'il était dur pour un homme d'une si haute probité d'avoir à se défendre de si basses accusations, il était peut-être encore plus douloureux pour l'homme de génie, qui avait sauvé son pays, de se voir contesté ou méconnu.

Ici le poète chansonnier n'a plus l'envolée lyrique qu'il aurait fallu pour peindre un tel état d'âme. Ce n'est plus dans ses vers qu'on surprendra le cri de sa conscience révoltée, mais dans les sincères épanchements de la correspondance de ce grand honnête homme.

« Quelque absurdes que soient, mon cher
» général, écrivait-il à Bonaparte [1], le 19
» nivôse an V, les bruits que se plaisent à
» répandre les écrivains pervers qui ont juré
» la perte de la République, l'espèce de cro-
» yance qu'ils parviennent à obtenir dans le
» public à force d'impudence me fait craindre
» qu'ils ne finissent par vous ébranler vous-
» même et vous persuader enfin que vous
» avez en moi un ennemi de votre gloire. Il

les preuves de dilapidations commises à l'armée du Nord, en présence et sous l'autorisation, au moins tacite, des hommes qui venaient de se rendre ses accusateurs. « Le dénonciateur de Carnot fut frappé comme d'un coup de foudre ; des larmes jaillirent de ses yeux, et le Comité demeura interdit. Quand les faits ne purent être contestés par personne, Carnot ramassa tous les papiers et les jeta au feu. Son accusateur vint l'embrasser avec transport et lui jura un attachement auquel il est demeuré fidèle jusqu'à la mort. » *Mémoires sur Carnot, par son fils,* tome Ier, p. 416.

(1) *Lazare Carnot d'après sa correspondance,* par ÉTIENNE CHARAVAY : dans la *Révolution française,* tome XIX, p. 499.

» me suffira, je pense, de vous assurer que
» ceci est affaire d'intrigue et de cabale, que
» vous Bonaparte, votre femme, tout ce qui
» vous appartient, n'avez pas d'amis plus
» chauds, plus sincères que moi et tous les
» miens. Vos intérêts sont devenus ceux de
» la République, votre gloire, celle de la nation
» entière. Si vous éprouviez des revers, vous
» ne pouvez douter que ce serait à moi qu'on
» s'en prendrait, et non à vous. N'est ce pas
» à moi qu'on attribue ceux de l'armée de
» Sambre-et-Meuse ? Quand nous sommes
» vainqueurs, c'est malgré moi, quand nous
» sommes malheureux, c'est moi qui ai or-
» donné qu'on se fit battre. Telle est la logi-
» que de ces énergumènes. »

Ces récriminations, si justes, contre l'injustice de ses contemporains, sont toutefois **une**
exception dans la correspondance de Carnot.
Cette nature, admirablement pondérée, repre-
nait promptement son équilibre. En vrai philosophe pratique, il ne s'attardait pas longtemps à la contemplation amère de ses propres
souffrances. Il ne connaissait pas l'art de
s'adorer soi-même dans un orgueilleux dédain
des choses et des hommes. Lui, qui connut
deux fois le supplice de l'exil, il ne s'emporta
jamais en violentes apostrophes contre le sort.

Au milieu des plus cruelles privations, il
trouvait encore quelque charme à la vie, et
rien ne saurait le mieux peindre que le *Soli-*

loque d'un vieillard, cette pièce, pleine de sérénité, qu'il écrivit à Magdebourg, trois ans avant sa mort.

> J'ai parcouru le cercle de la vie :
> J'ai de chaque âge éprouvé les désirs :
> Tous les ressorts d'espérance et d'envie :
> Les biens, les maux, les chagrins, les plaisirs.
> J'ai pu juger du prix de l'existence,
> Et comparer les objets de nos vœux :
> Chez les mortels tout se contre-balance,
> Et le vieillard n'est pas le moins heureux.

Il ajoutait :

> Désenchanté, mais non pas insensible,
> Je tiens encore à mes affections :
> Moins ébloui, mais toujours accessible
> Au souvenir de mes illusions.

Puis il terminait par cette touchante invocation :

> Content du sort, sans regrets, sans alarmes,
> A votre terme allez, ô mes vieux jours !

Voilà les vœux qu'il formait pour lui. Mais il n'était pas de ces vieillards égoïstes qui répètent le mot célèbre : *Après moi le déluge !* Il pensait aux jeunes, à ceux qui viendraient après lui recommencer l'incompréhensible énigme de la vie. Et dans ses *Souhaits pour un nouveau-né*, pour qui tant de gens demanderaient les honneurs et la richesse, voici quelques-uns des projets ambitieux que Carnot formulait devant son berceau :

> Veuille le ciel te procurer
> La faveur d'aider tes semblables :
> Que tes mains puissent se livrer
> Aux douceurs d'être secourables.

> . . . .
> Inaccessible aux coups du sort,
> Puisses-tu contre l'imposture
> Trouver un doux refuge au port
> Qu'offre une conscience pure !

Telle était la philosophie de Carnot, celle qu'il avait vécue lui-même. Toutes ses pièces sérieuses en sont profondément imprégnées. Elles sont comme un écho de cette grande âme, inaccessible aux petites passions et aux intérêts mesquins.

Ce n'est pourtant pas dans cette partie de son œuvre qu'il faut chercher l'originalité du poète. Si la pensée y est toujours irréprochable, le vers ne la soutient pas assez, fléchit trop souvent, manque de mesure et s'étale en longueurs. Comme auteur d'épîtres, d'odes ou de sonnets, Carnot avait, à notre avis, un talent d'amateur ; il ne retrouvait sa veine que lorsqu'il écrivait des chansons ou des romances, comme au temps des Rosati. Il le sentait si bien lui-même que, plus d'une fois, dans son exil en Allemagne, et pendant les dernières années de sa vie, on le vit emboîter encore le pas avec la Muse badine. Mais celle-ci, comme lui, était déjà moins souriante ; sa belle humeur tournait à la satire, ou commençait à s'effacer sous un voile de mélancolie

Telle est cette pièce qui fut mise en musique par Romagnési, et traduite en plusieurs langues :

LE RÊVE

Un soir, accablé de tristesse,
Je me couchai sous un ormeau ;
D'un songe alors la douce ivresse
Pour moi vint changer tout en beau.
A mes vœux tout était prospère,
J'étais protégé des amours,
Je possédais le don de plaire...
Que ne peut-on rêver toujours !

Je revis le siècle d'Astrée.
La paix régnait sur les mortels ;
Toute promesse était sacrée,
La justice avait ses autels.
On était tendre, on était sage,
On était franc dans ses discours ;
Plus de tyrans, plus d'esclavage...
Que ne peut-on rêver toujours !

La terre parée et féconde
N'exigeait pas de durs travaux ;
Ainsi qu'aux premiers jours du monde,
Les riches gardaient leurs troupeaux.
Sous des cabanes de feuillages
Les humains fixaient leurs séjours ;
Les amants n'étaient point volages...
Que ne peut-on rêver toujours !

Mais un bruit semblable au tonnerre
Vint m'arracher à mon sommeil ;
La félicité mensongère
S'évanouit à mon réveil.
De mon erreur plus de vestige ;
Adieu, charmes ; adieu, beaux jours !
Tout ce que je revois m'afflige...
Que ne peut-on rêver toujours !

A la fin de cette courte notice sur les poésies de Carnot une question se pose naturellement. Leur auteur avait-il quelque prétention à la renommée littéraire ? Dans son beau

livre sur son père, M. Hippolyte Carnot répond
négativement.

« Voulait-il se délasser? dit-il dans ses
» *Mémoires sur Carnot* (1), il prenait un
» portefeuille où se trouvaient des brouillons
» de poésie. Que de fois je l'ai vu, quand une
» étude l'avait fatigué, se lever tout à coup
» en se frottant le front, arpenter la chambre,
» ou plutôt l'appartement tout entier, à pas
» rapides, fredonnant, et s'arrêtant par inter-
» valles devant son bureau, qui était la pre-
» mière table venue, pour y écrire, sans se
» rasseoir, quelques vers. La même feuille
» sur laquelle il venait de tracer des plans de
» fortification, des figures de géométrie ou
» des formules algébriques, recevait un cou-
» plet de chanson. Il semblait éprouver un
» impérieux besoin de reposer les fibres de
» son cerveau par la variété des occupations. »

M. Hippolyte Carnot se fait-il ici l'interprète
fidèle des sentiments du poëte-chansonnier?
Il a élevé à la mémoire de son père un pieux
monument où l'on trouve une introduction
dédiée à ses propres fils, que l'on peut citer
comme un des chapitres les plus achevés de
morale familière. A ses enfants, il propose
comme modèle leur grand ancêtre. Tout péné-
tré de cette leçon qu'il veut donner, et où il
n'a qu'à être exact pour rapporter des exemples du plus haut désintéressement et du

____

(1) Tome II, p. 607.

patriotisme le plus pur, il est sans cesse, on le voit, préoccupé d'effacer un peu les traits qui pourraient, suivant lui, compromettre l'austérité des lignes de cette admirable figure.

Eh bien, nous croyons qu'en cela M. Hippolyte Carnot a trop sacrifié à l'ancienne rhétorique qui présidait à la composition des *éloges*. Jamais génie ne fut plus complétement et plus sincèrement *humain*, au sens où l'entendait le poète latin *(humani nihil a me alienum puto)* que celui de l'*Organisateur de la Victoire*. Parce qu'il avait accompli de grandes choses, ou écrit de remarquables traités scientifiques, il ne se trouvait pas obligé de désavouer les compositions légères qu'il avait rimées. Ses vers ne lui paraissant pas mauvais, il goûtait un plaisir légitime à les *montrer aux gens*, comme dit Alceste. Et de cela les preuves abondent.

Pendant son séjour à Arras comme capitaine du génie, il autorise l'*Almanach des Muses* à publier la plupart de ses chansons sous un pseudonyme, qui valait une signature. En 1788, il permet à M. Le Gay de faire paraître sous son nom, entièrement imprimé, quatre de ses pièces badines dans le 1er tome des *Souvenirs*. En 1820, à Leipsick, il livre à la publicité son *Don Quichotte, poëme héroï-comique en VI chants ;* à Paris, à la même date, il donne, par l'intermédiaire de ses amis ou de son fils aîné, le bon à tirer d'un volume in-8° de 352 pages, qui porte ce titre :

Opuscules poétiques du général L.-N.-M. Carnot, et où les chansons et romances forment au moins le tiers, sinon la meilleure partie de l'ouvrage. Plusieurs compositeurs, tels que Bambini et Romagnesi, éditèrent aussi, à différentes époques, un certain nombre de compositions de Carnot, qu'ils avaient mises en musique. Ils ne l'auraient pas fait sans l'assentiment de l'auteur des paroles.

L'illustre homme de guerre ne répugnait donc pas à recueillir, comme chansonnier, la menue monnaie de la gloire, qu'il avait acquise avec de plus puissantes facultés. Tous ceux qui tiennent honorablement une plume seront heureux de l'apprendre. Car, si le monde des lettres n'a pas à s'enorgueillir lorsqu'il voit un empereur exécrable, comme Néron, briguer l'honneur d'y recueillir des couronnes, d'ailleurs imméritées, il peut être fier lorsqu'un stratégiste de génie ne dédaigne pas d'apporter son petit bagage de jolies chansons au stock monumental des meilleurs poètes.

UN

SAUVETEUR DE MONUMENTS

EN 1793

UN SAUVETEUR DE MONUMENTS

EN 1793

LA CATHÉDRALE & LA TAPISSERIE DE BAYEUX
SAUVÉES DE LA DESTRUCTION PAR
M. LAMBERT LE FORESTIER

Comme beaucoup de chefs-lieux d'arrondissement, qui n'ont pas le prestige d'une situation pittoresque, Bayeux serait peut-être aujourd'hui délaissé par les touristes, s'il ne se recommandait à leur attention par la beauté de sa cathédrale et la valeur historique de sa *Tapisserie* dite *de la Reine-Mathilde*.

Cette dernière est surtout estimée des Anglais, qui viennent non seulement l'étudier, mais lui rendre hommage comme à une relique vénérée. A la belle saison, tous les ans, beaucoup d'entre eux font un pèlerinage à Bayeux, devenu ainsi une sorte de petite

Mecque où leur patriotisme prétend se retremper à l'une des sources de leur histoire nationale. Car la plupart s'honorent de descendre des fameux compagnons d'armes de Guillaume-le-Conquérant, dont les hauts faits sont retracés, en broderies coloriées, sur une large bande de toile blanche, brunie par le temps.

Cette religion des souvenirs a même eu quelquefois ses fanatiques. On raconte en effet qu'à l'époque où son mari était occupé à faire une copie de la célèbre tapisserie, Mᵐᵉ Stothard ne put résister à la tentation d'en enlever un fragment [1]. Acheté tout d'abord pour le compte du musée de Kensington, le tissu dérobé fut restitué, par une démarche toute gracieuse, à la ville de Bayeux.

Depuis, pour exaucer sans doute les vœux de ses compatriotes, M. Edouard Dossetter a exécuté, grandeur nature, avec des procédés photographiques, une admirable reproduction coloriée de l'original. De la sorte, les fidèles de ce culte ardent du passé peuvent contempler, sans passer le détroit, une image parfaite de « cette relique extraordinaire et sans prix » comme l'appelait Dibdin, de ce monument « le plus noble du monde parmi ceux « qui intéressent notre ancienne histoire « d'Angleterre », comme le qualifiait Stukeley dans ses *Palaeographia britannica*, avec

---

1. Le fait est rapporté dans le *Vetusta monumenta* publié par la Société des Antiquaires de Londres.

un enthousiasme qu'on rencontre rarement au bout de la plume d'un antiquaire.

Si l'on ne considérait cette précieuse pièce du moyen âge qu'au point de vue de sa valeur esthétique, elle ne mériterait certainement pas la réputation qu'on lui a faite : car l'art n'a rien de commun avec les naïfs tableaux dont elle se compose. Ce ne sont pas à vrai dire des figures, mais plutôt des *boushommes*, que l'aiguille des brodeuses du XI° siècle a fixées, avec des laines de différentes couleurs, sur une bande de toile blanche, de 70 mètres de longueur sur 50 centimètres de hauteur. Les hommes qu'on y a représentés semblent plus élevés que les maisons ou les édifices voisins ; quant aux chevaux, on croirait parfois qu'ils sont plantés sur des manches à balai, comme la monture de bois sur laquelle l'infortuné Sancho se réveilla après le vol de son âne. En un mot des dessins qui ont de l'analogie avec ceux que nous faisions sur nos cahiers lorsque, avec notre premier crayon, nous avons essayé de reproduire les traits de notre premier maître.

Mais ce n'est pas la valeur artistique de cette composition qui retient le savant ou l'érudit devant cette incomparable broderie. C'est l'intérêt même du sujet. La *Tapisserie de la reine Mathilde* [1] est en effet une

[1] Ce nom moderne, respecté par l'usage, est impropre, puisqu'il s'agit ici d'un ouvrage de broderie. Au XIV° et au XV° siècle, on l'appelait avec plus de

sorte de roman illustré, qui retrace les principaux faits de la conquête d'Angleterre par Guillaume le Bâtard. Malgré le nombre des scènes représentées, l'œuvre ne manque pas d'unité dramatique. Dans une première partie, on nous raconte les impressions de voyage, souvent désagréables, de Harold, qu'Edouard avait envoyé en Normandie pour apprendre au duc Guillaume qu'il lui avait légué sa couronne... La deuxième partie nous montre Harold accompagnant Guillaume dans son expédition contre le duc de Bretagne. Harold est devenu l'ami du Bâtard ; mais le Normand, qui aime les dévouements authentiques et passés par devant prêtre ou tabellion, décide son ami à lui prêter serment de fidélité sur des reliques... Dans la troisième partie, on assiste à la mort et aux funérailles d'Edouard. Tandis qu'on enterre le roi, Harold intrigue et se fait offrir la couronne. Mais voici une comète qui ne présage rien de bon. L'ambitieux n'est pas plus tôt assis sur le trône qu'on le voit trembler. Sa conscience est assez large pour absorber encore, sans en être incommodée, plus d'un serment politique. Toutefois il craint la colère de Guillaume. Et sa crainte est bien fondée, car le duc de Normandie, informé de la trahison de son ancien ami,

justesse : *La grande telle (toile) du Conquest d'Angleterre*. Plus tard on la nomma *La toilette du duc Guillaume*, ou encore : *La toilette de la Saint-Jean*, parce que, tous les ans, on la tendait, la veille de cette fête, dans la cathédrale de Bayeux.

fait d'immenses préparatifs, s'embarque avec
son armée et livre le combat à Harold dans
les champs d'Hastings. Grands coups de masses et d'épée, pêle-mêle effroyable ! Les Nor-
mands vont fuir en désordre, lorsque l'évêque
de Bayeux, armé de toutes pièces, les ramène
à l'ennemi. Harold voit tous ses défenseurs
tomber autour de lui. Le parjure est atteint
lui-même. Il meurt. Son armée en déroute est
poursuivie, et là finit le dernier chapitre du
roman historique.

Une vieille tradition, longtemps incontestée,
veut que cette broderie soit l'œuvre de Mathilde de Flandre, qui avait épousé Guillaume
le Bâtard dix ans avant la victoire d'Hastings.
Pendant les absences de Guillaume, obligé de
séjourner en Angleterre pour en achever la
pacification, Mathilde, restée seule en Normandie, aurait entrepris, avec les dames de
sa cour, cette broderie gigantesque, où devaient
se dérouler les péripéties de l'expédition qui
avait placé un double sceptre aux mains du
conquérant.

Cette légende, favorisée par le silence des
documents écrits, fut universellement accep-
tée. Mais, à partir d'une première communi-
cation faite à l'Académie des Inscriptions et
Belles-Lettres, en 1724, par Lancelot, qui,
après avoir reçu un croquis du monument, se
demandait assez naïvement s'il s'agissait d'un
bas-relief, d'une sculpture, ou d'une peinture
à fresque, voilà que le monde savant com-

mence à s'occuper de ce précieux joyau, tombé si étrangement dans les oubliettes de l'histoire.

Livrée subitement aux controverses, la tapisserie perd bientôt son prestige et se voit contester, non seulement sa filiation, établie par commune renommée, mais encore l'authenticité de son antique origine. Ce fut une véritable rage de polémiques, et, comme dans toutes les discussions de ce genre, l'amour-propre s'en mêlant, on se préoccupa beaucoup plus d'avoir des apparences de raisons que de chercher sincèrement la vérité.

Parmi les arguments, nés de cette bataille à outrance d'érudits, il y en eut souvent de spécieux et parfois de comiques. Tartuffe aussi entre dans la lice. Découvrant sur la tapisserie, surtout dans les bordures qui lui servent d'encadrement, des scènes que la décence aurait dû, suivant lui, proscrire, il en tire cette conclusion que de tels sujets n'ont pu être exécutés, ou ordonnés, par une femme aussi vertueuse que l'était Mathilde de Flandre, l'épouse impeccable de Guillaume-le-Conquérant.

Pour répondre à cette singulière objection, il n'est pas besoin de remonter jusqu'à l'antiquité où les filles de Sparte voyaient les jeunes gens courir tout nus dans le stade, sans qu'il leur vînt de coupables pensées, et où Lucrèce, dans son *De natura rerum,*

célébrait Vénus et le fécond rapprochement
des sexes sans que personne songeât à rougir
de l'audace de ses vers, qui peignaient tout
librement, sans être libres. Au moyen âge, la
pudeur des femmes n'avait rien de la pudibon-
derie qui « fait des tableaux couvrir les nudi-
tés », mais « a de l'amour pour les réalités ».
Aucune alors ne se sentait révoltée à la vue
des images, singulièrement fantaisistes, que
les maîtres de l'œuvre sculptaient sur les
murs mêmes des églises. Elles ne s'offensaient
pas davantage de cette littérature goliardique
où les satires les plus irrévérencieuses frater-
nisaient avec les chansons dévotes. C'était
aussi sans rougir qu'elles écoutaient les sorties violentes de certains prédicateurs, qui
pensaient ne pas pouvoir flétrir le vice sans
en faire une peinture d'autant plus fidèle
qu'elle était plus grossière.

Elevée à cette école, dont le réalisme n'avait
pas de sous-entendus malsains, la reine Mathilde, en présidant aux travaux de la *Tapisserie*, put donc rencontrer sous son aiguille,
sans que son honnêteté eût à en souffrir, des
sujets qui ne manqueraient pas d'effaroucher
les hypocrisies d'une époque moins naïve.

Voilà un des échantillons d'arguments em-
ployés dans la polémique que souleva la
grosse question des origines de la *Tapisserie*.
Et la discussion dure encore. Car on ne s'est
pas contenté de nier que la reine Mathilde
eût imaginé et dirigé ce prodigieux travail.

où l'on a fixé sur la toile, avec des fils juxta-
posés, les principaux épisodes de la conquête ;
on a voulu aussi prouver qu'il n'était point
contemporain du grand événement qu'il représente et que, loin d'être un produit de l'art
normand, il avait dû être exécuté à Londres
par des ouvriers anglais.

Depuis les grandes batailles qui se sont
livrées entre érudits à ce sujet, il s'est produit un petit événement littéraire qui éclaire
d'un jour nouveau le terrain de la controverse.

En 1871, M. Léopold Delisle publiait un
poème où Baudri, abbé de Bourgueil et plus
tard évêque de Dol, décrivait en vers latins
l'appartement de la comtesse Adèle, fille de
Guillaume-le-Conquérant, et plus particulièrement une tapisserie, tendue autour de l'alcôve, dans laquelle était dressé le lit de la
princesse :

« La partie du poème de Baudri qui a pour
« nous le plus d'importance, disait le savant
« éditeur, dans sa préface, est la description
« de la tapisserie consacrée à la conquête de
« l'Angleterre. Cette description rappelle tout
« naturellement la tapisserie que la ville de
« Bayeux est si fière de posséder dans son
« musée. Souvent, les vers de Baudri pour-
« raient servir d'explication aux scènes bro-
« dées sur ce précieux monument. Le poète
« fait observer que, sur la tapisserie d'Adèle,
« chaque tableau était accompagné d'une
« légende. C'est là un trait de ressemblance

« qui frappera les esprits les moins prévenus.
« Est-ce à dire que la description de Baudri
« s'applique à la tapisserie de Bayeux ? Assu-
« rément non, mais ce qu'on en peut légiti-
« mement conclure, c'est que, vers le com-
« mencement du XIIe siècle, une tapisserie,
« représentant la conquête de l'Angleterre,
« était considérée comme une décoration qui
« devait occuper la place d'honneur dans
« l'appartement d'une fille de Guillaume-le-
« Conquérant. Il faudra désormais tenir
« compte de cette considération **quand** on
« discutera l'origine d'un monument que
« toutes les provinces envient à la Norman-
« die. »

Ainsi, d'après ce document, on connaissait,
quelque quarante ans après la conquête, des
sortes de réductions du célèbre original, conservé maintenant dans le musée de Bayeux.

Pour tous les esprits indépendants, qui
n'ont pas de thèse à soutenir ni d'amour-
propre d'auteur engagé dans la question, il
n'est donc pas douteux que la *Tapisserie* dite
de la Reine Mathilde soit un ouvrage du
XIe siècle. Et ce qui étonne, quand on songe à
l'âge et surtout à la fragilité d'un tel monument, c'est qu'il ait pu arriver jusqu'à nous
presque intact, à travers tous les dangers
auxquels il a été exposé.

Une première fois [1], en 1105, lors de la

____

(1) Et non en 1106, comme le disent tous les historiens. Voir *Essai historique sur la prise et l'incendie
de Bayeux*, par le vicomte de Toustain.

prise et de l'incendie de Bayeux par les troupes de Henri Ier, roi d'Angleterre, il échappe aux flammes et au pillage. Une deuxième fois, il est miraculeusement sauvé, lorsque la malheureuse cité est encore réduite en cendres par l'armée d'Édouard III, grossie des contingents du frère de Charles le Mauvais, roi de Navarre. De même, pendant les trente-trois années de la domination anglaise, depuis 1417 jusqu'à la victoire de Formigny, on réussit à le dérober aux recherches du vainqueur.

Pendant ces époques tourmentées aucun écrit n'avait fait mention de la Tapisserie. Quelques années après l'occupation anglaise, en 1476, on la voit enfin, pour la première fois, figurer sur un inventaire du trésor de la Cathédrale (1).

« Item, est-il dit dans cet inventaire, une « tente très longue et estroicte de telle (toile) « à broderie de ymages et escripteaulx faisans « représentation du conquest d'Angleterre, « laquelle est tendue environ la nef de l'église « le jour et les octaves des reliques. »

A partir de ce jour, la Tapisserie fut, suivant un usage immémorial, périodiquement exposée à la curiosité et à la vénération publiques. On la croyait à l'abri de toute déprédation, lorsque les désordres des guerres religieuses vinrent encore compromettre sa

---

(1) Publié par Lancelot dans son Mémoire soumis à l'Académie des Inscriptions le 21 juillet 1724.

conservation. Dans la funeste journée du 12 mai 1562, les « prétendus Réformés », comme on disait alors, entrèrent tambour battant dans la cathédrale de Bayeux, dont ils pillèrent les trésors, et dans la bibliothèque du chapitre, d'où ils enlevèrent tous les manuscrits et titres de propriété. Ce qu'ils ne purent emporter, ils le jetèrent aux flammes « et « firent si grand feu, dit une plainte du cha- « pitre (1), qu'il prit à une maison et autres « lieux circonvoisins ».

Après avoir fait le sac des églises, les forcenés s'attaquèrent aux propriétés privées.

« En quelque lieu secret de l'une des mai- « sons de l'un d'iceux chanoines, dit la même « plainte du Chapitre, avoit été retiré quel- « ques nombres de chappes et ornemens de « drap d'or et velour cramoisi grandement « enrichis d'orfrois, lesquels ont été pris par « force et emportés par aulcuns qui les ont « appliqué à leur usage, et en ont fait faire « des manteaux, tours de lit, doublé des « chaises, robes de nuit, tiré des linges et « fait faire des chaises de grand prix. »

Pour avoir échappé à une telle rapacité, la tapisserie avait dû être soigneusement cachée dans un lieu sûr.

(1) *Articles présentés le 19 août 1563 à MM. les Commissaires députés par le Roy contre les preten- dus Réformés par l'Évêque et les Chanoines de Bayeux.* Extrait des Archives du Chapitre, par Beziers, qui l'a publié à la fin de son *Histoire de Bayeux.*

Après l'apaisement des troubles religieux, on pouvait croire enfin sa conservation définitivement assurée. Mais, pendant la Révolution, au moment du départ des volontaires, l'imprudence impardonnable de la municipalité de Bayeux lui fit courir le plus grand risque auquel elle ait été jamais exposée.

L'Assemblée législative venait de proclamer par un décret la patrie en danger. En province, comme à Paris, dans toutes les mairies, des registres étaient ouverts pour recevoir les noms des citoyens qui s'enrôlaient. L'enthousiasme fut immense. A Bayeux, où l'on ne demandait que quinze volontaires, il s'en présenta deux cent soixante-quatre. Parmi eux, toutes les classes de la société étaient représentées ; mais l'élément populaire avait fourni le plus fort contingent. On y remarquait, entre autres, un ouvrier maçon qui devint baron de l'Empire, et un tailleur de pierre, qui fut promu sous la République au grade de général de brigade.

Dans cette improvisation d'une armée, où les bonnes volontés et les grands cœurs affluaient, il ne manquait que deux choses : l'argent, qu'on a justement appelé le nerf de la guerre, et l'organisation, qui sait tirer d'une cohue une troupe régulière.

Tous ces braves tendaient les mains pour recevoir des fusils, et l'on n'avait ni assez d'armes, ni assez de vêtements à leur distribuer. Le désarroi était si effroyable dans le

Calvados, que le Conseil général du département crut devoir jeter ce cri d'alarme, où il y avait aussi comme une leçon donnée au pouvoir législatif : « Vous avez proclamé le « *danger de la patrie*, écrivait-il à l'Assem- « blée Nationale, dans une adresse du 27 « juillet ; pourquoi donc ne met-on pas en « action les mesures que vous avez décrétées « pour la sauver ? Des milliers de citoyens « n'attendent que des armes et le signal pour « voler à sa défense ; pourquoi donc, par des « lenteurs perfides, enchaine-t-on si longtemps « leur courage qui s'irrite et s'indigne ? Cepen- « dant l'Empire est menacé d'une dissolution « prochaine, l'ennemi s'avance et vous déli- « bérez !... »

Cet appel ne fut guère entendu puisque, plus d'un mois après, on ne savait à Bayeux comment achever l'équipement des enrôlés. Une indemnité de 6 livres dut être accordée à chaque homme pour se procurer des sabres et des baudriers. Même pénurie d'uniformes. Comme le drap manquait, il fallut, pour s'en procurer, s'adresser aux communautés, où la municipalité envoya des délégués, chargés de s'y faire livrer « contre remboursement, les « pièces d'étoffe blanche (1) qui pourraient « être employées à l'habillement des volon- « taires. »

---

(1) *Bayeux sous la Révolution*, par Alfred Dédouit, page 71.

En présence d'un tel désordre on se figure aisément quels furent les embarras d'un départ précipité, lorsque le tambour battit le rappel, dans les rues de Bayeux, pour la levée en masse du 6° bataillon du Calvados. Tandis que la garde nationale se réunit pour conduire ses frères d'armes jusqu'aux portes de la ville, au milieu des scènes les plus émouvantes, tandis que les femmes font leurs adieux à des volontaires qui laissent des enfants ou des fiancées, l'administration se voit obligée d'improviser, pour ainsi dire, des charrois et des moyens de transport.

A cet instant critique, comme on avait déjà manqué d'étoffes pour habiller les soldats, on ne trouve plus la toile nécessaire pour couvrir les fourgons. La foule s'impatiente, s'irrite. Les uns se moquent, les autres menacent, les esprits forts donnent leur avis. L'un d'eux suggère cette idée que l'on pourrait suppléer à la toile qui manque en se servant de la *Tapisserie de la Reine Mathilde*. Le propos court de bouche en bouche, est acclamé. Vite le populaire, prompt à l'action, va indiquer cette ressource à la municipalité. Celle-ci, se sentant à bout d'invention, accueille favorablement le conseil, qu'on lui aurait peut-être d'ailleurs imposé, et donne des ordres pour qu'on délivre la Tapisserie aux délégués (1).

----

(1) *Rapport sur la conservation de la Tapisserie de la Reine Mathilde*, par M. Pezet.

Aussitôt la célèbre broderie est emportée et placée sur un fourgon, qui suit la troupe de volontaires partant pour le camp de Meaux. De là elle va prendre le chemin de la frontière, où elle tombera peut-être, dans le hasard d'une bataille, entre les mains de l'ennemi, heureux d'enlever à la France une pièce historique, que lui envient les Musées les plus riches de l'Etranger.

Au milieu de l'affolement général, un citoyen, qui eut conscience de la perte irréparable qu'on allait faire, courut avertir un des membres du District. Celui auquel il eut l'idée de s'adresser lui était tout naturellement désigné par les services signalés qu'il avait déjà rendus.

C'était M. Lambert Le Forestier, avocat au bailliage, bien connu pour son patriotisme, puisqu'il avait occupé gratuitement pendant deux ans la chaire de seconde, à la suite du refus de serment des titulaires du collège de Bayeux. Nommé par le suffrage de ses concitoyens capitaine de la compagnie de chasseurs de la garde nationale, puis membre du Directoire exécutif, il avait sauvé la vie à plus d'un proscrit ou soustrait leur fortune, par des mesures ingénieuses, aux confiscations des décrets révolutionnaires. Chez cet homme bien doué, le courage avait pour auxiliaire un esprit plein de ressources. Grand, robuste, les traits énergiques, sachant également trouver le geste qui menace ou le jeu de physionomie

qui attire, il avait tout ce qu'il fallait pour se
faire écouter des foules et, au besoin, les
apaiser.

Dès qu'il est instruit de la funeste décision,
prise par la municipalité, M. Le Forestier
quitte précipitamment le siège du Directoire.
Il accourt et se jette lui-même, pour les arrêter, à la tête des chevaux qui traînent la voi-
ture, dont les armes étaient recouvertes avec
les bandes de la Tapisserie. Puis, se faisant
reconnaître de la foule, dont il est estimé, en
quelques paroles énergiques, il dit ce qu'il
vient faire et demande le concours de ceux
de ses concitoyens qui veulent, comme lui,
réparer l'énorme bévue qu'on avait commise.
Sous sa direction, on arrache du fourgon la
précieuse broderie, qui est remplacée par une
toile d'emballage. S'autorisant enfin de son
titre d'administrateur du District, il la fait
transporter dans son cabinet de travail,
comme dans un dépôt inattaquable, où il
saura désormais la protéger contre les tentatives de la violence ou les inventions, non moins
périlleuses quelquefois, de la sottise (1).

Après avoir conservé à sa ville et, on peut
le dire, à la France, une pièce historique d'une
valeur inappréciable, M. Le Forestier eut
bientôt à exercer de nouveau sa courageuse

(1) Lors des préparatifs de la fête de la Liberté,
célébrée le 10 ventôse an II, il fut proposé de couper
la *Tapisserie* par bandes pour en décorer un char
mythologique.

et intelligente initiative, pour préserver de la destruction un des plus beaux spécimens de l'architecture du moyen-âge.

Il n'est pas de touriste qui n'ait visité l'admirable cathédrale de Bayeux. Lorsqu'on entre dans l'édifice par une des portes de la façade occidentale, l'impression est profonde ; car, s'il y a des églises plus vastes, il n'y en a pas de mieux proportionnées. La nef et le chœur forment comme une longue avenue, qui commence par des troncs vigoureux, avec les massifs piliers de l'époque romane, pour se terminer par de gracieux embranchements, avec les colonnettes de l'ère ogivale. Puis, dans la partie semi-circulaire du chœur, sous de magnifiques feuillages, chefs-d'œuvre de sculpture, une douce lumière glisse entre les fenêtres de l'abside, comme ces rayons de soleil qui percent le fond des bois.

Sous ces voûtes, élevées par de prodigieux artistes anonymes pour donner asile à la prière et au recueillement, on entendit, à certaines heures troublées de 1793, le bruit de la foule qui envahissait l'église pour déchirer les tableaux, mutiler les sculptures, ou renverser les statues. Ce besoin de détruire ne s'arrêta que lorsqu'on eut converti le chœur en magasin de subsistance, tandis que la nef servait à la célébration des Décades.

Tous les attributs, tous les emblèmes, qui pouvaient porter ombrage à l'intolérance révolutionnaire, avaient été enlevés ou brisés, sauf les croix qui couronnaient les trois tours de la cathédrale, transformée en *Temple de la Raison*. De la hauteur où elles étaient placées, elles semblaient défier les entreprises des plus forcenés patriotes. Il s'en trouva un cependant, assez audacieux pour proposer à la municipalité *de raser*, comme il est dit au procès-verbal du 19 floréal an II, *les croisillons des croix qui existent encore sur les trois flèches du Temple de la Raison et qui portent des fleurs de lys.*

L'homme qui s'offrait ainsi pour tenter une expédition, que personne n'avait osé entreprendre, était un soldat du bataillon du Morbihan, appelé Fournier, et plus connu sous le nom de guerre de *Barbare*. Il opéra d'abord, sans trop de difficultés, l'enlèvement de la croix fixée au sommet de la tour centrale, et la remplaça par un bonnet rouge en bois.

Mais les hautes pyramides, qui se dressent des deux côtés du portail principal de la cathédrale, paraissaient inaccessibles. Sans se décourager, avec un sang-froid et une agilité prodigieux, Barbare commença par monter, en se suspendant aux crampons de fer extérieurs, ce qu'il lui fallut de planches pour former un léger échafaudage au haut de la tour septentrionale. De là il lança nombre de cordelettes, garnies de plomb à leurs extrémités, qui allaient s'enrouler autour de la croix de la flèche méridionale. Quand il crut en avoir envoyé suffisamment, il tressa toutes

ces cordes de manière à n'en faire qu'une,
assez solide pour supporter son poids. Et le
voilà s'engageant sur ce pont aérien.

Mais, arrivé au milieu de sa course, Barbare sentit la corde fléchir. Il lui sembla
même que la tour méridionale se penchait et
s'avançait rapidement sur lui. Et ce n'était
pas l'effet de la peur, car le haut de la tour
qu'il voulait atteindre venait de s'écrouler.
Lancé dans le vide, l'étrange aéronaute eut
assez de présence d'esprit pour rester cram-
ponné à sa corde et se laisser balancer dans
l'air comme la boule d'un pendule immense.
Tournant les pieds dans la direction de la
tour septentrionale, contre laquelle, sans cette
précaution, il eût été infailliblement brisé, il
fut renvoyé violemment en arrière. Mais, peu
à peu, les oscillations s'apaisant, il remonta
le long de la corde et put regagner sain et
sauf l'échafaudage d'où il était parti.

Le premier moment d'effroi passé, quelques-
uns des spectateurs de cette héroïque imprudence, après avoir applaudi, commencèrent à
murmurer. Il y eut des mécontents ; on trouvait l'œuvre inachevée, et la municipalité le
fit bien sentir à Barbare, qui dut rejoindre
son corps sans avoir touché l'intégralité du
prix convenu.

C'était mal comprendre le service que ce
téméraire aventurier avait rendu au fanatisme révolutionnaire. Comme les foules, qui

assistent à des scènes de massacre, ont l'ivresse du sang, elles peuvent avoir aussi, par contagion, le vertige de la destruction. L'entreprise de Barbare, quoique incomplète, avait réveillé les haines des clubistes contre tout ce qui rappelait, par des signes matériels, une religion qu'on avait proscrite.

Puisqu'on n'avait pu abattre la dernière croix de la *ci-devant* cathédrale, pourquoi ne pas supprimer le monument lui-même ? On avait bien vendu, ou démoli, à Bayeux, suivant le vœu de la loi, nombre d'églises de peu d'importance. Pourquoi ne pas s'attaquer à la plus grande, à celle qui dominait la cité comme une forteresse, prête à rouvrir ses portes à l'ennemi, c'est-à-dire aux prêtres insermentés ?

Ces propos d'exaltés étaient perfidement répétés par certains meneurs des sociétés populaires, renégats qui avaient à se faire pardonner leur passé monarchique, ou peureux, qui faisaient trembler les autres pour ne pas trembler eux-mêmes. Parmi ces derniers, il y en avait un, sorte de capitaine Fracasse, qui chantait toujours le refrain de la *Marseillaise: Marchons, marchons!* et qui toujours restait en place quand il s'agissait d'aller au feu. On l'avait surnommé *Moustache*, à cause d'une forte barbe qu'il avait sans doute laissé pousser pour se donner une apparence terrible ; et il était l'un des plus militants du comité de surveillance, dont les dénonciations remplissaient les prisons de suspects.

De tels fanfarons de terreur devaient avoir naturellement pour complices ces odieux trafiquants, qui savent se créer une fortune avec les ruines amoncelées par les troubles civils. On le vit bien à Arras et à Cambrai, dont les antiques églises métropolitaines, vendues comme biens nationaux, tombèrent sous la pioche de spéculateurs hypocrites, qui commencèrent leur vilaine besogne en se donnant pour d'ardents patriotes. Mais, quand ils eurent d'abord tiré tout le parti possible des matériaux qui avaient quelque valeur, ces prétendus apôtres de l'idée nouvelle interrompirent leur œuvre de destruction, dès qu'ils trouvèrent moins d'avantages à démolir qu'à conserver. A Arras, il fallut un ordre du premier consul pour les obliger, sous peine de séquestre, à achever le déblaiement de la place où ils n'avaient laissé qu'un amas de pierres, sorte de carrières où chacun venait s'approvisionner à sa guise. Restés plus libres à Cambrai, les mêmes industriels se contentèrent de raser les constructions qui entouraient le grand clocher, dont la flèche, privée de ses points d'appui, finit par s'écrouler tout à coup sous l'action du temps.

La même catastrophe pouvait causer la perte de l'admirable cathédrale de Bayeux, menacée par la triple coalition du fanatisme anti-religieux, non moins redoutable que l'autre, de la cupidité et du faux patriotisme.

Mais un homme veillait, étudiant depuis l'origine le mouvement qui s'était fait dans les esprits, connaissant parfaitement son personnel local et sachant faire la part de ce qui était l'œuvre des agitateurs, ou le sentiment vrai de la population. C'était M. Le Forestier, cet homme intelligent et résolu auquel on devait déjà la conservation de la *Tapisserie de la reine Mathilde*.

Quand il vit que l'idée de détruire la cathédrale faisait, de jour en jour, des adeptes, et devenait le sujet de toutes les conversations dans les cabarets ou les ateliers, il jugea prudent de donner une sorte de satisfaction à ce courant de l'opinion, avant qu'il ne prît assez de force pour entraîner l'assentiment de la *Société populaire*. Car, si la question eût été soulevée devant cette assemblée et bien accueillie, le *Corps municipal* n'aurait pas eu certainement l'autorité nécessaire pour s'opposer à un vœu ainsi formulé. A Bayeux, comme dans toutes les villes où les clubs avaient été régulièrement organisés, ces réunions libres de citoyens étaient devenues un rouage gouvernemental. Elles s'arrogeaient le droit d'initiative et de contrôle en toutes choses. L'organisation de la défense militaire, la police, l'application des décrets de la Convention, les différends même entre particuliers et fonctionnaires, étaient de leur ressort. Et leur volonté faisait loi (1).

Il fallait donc se hâter d'agir, prendre les devants et jouer d'audace. C'est ce que fit M. Le Forestier, avec autant d'esprit que de sang-froid.

Sachant mettre à profit la confiance qu'il inspirait à ses concitoyens, et se prévalant aussi de son titre d'administrateur du District de Bayeux, il eut l'ingénieuse idée de préparer lui-même la rédaction d'un cahier des charges, qui devait servir, en quelque sorte, de préface à l'adjudication définitive de la *ci-devant* cathédrale de Bayeux.

Pour lui, ce n'était qu'une habile comédie, destinée à amuser tout d'abord les impatients, une sorte de pâture jetée, pour les obliger à se taire, dans la bouche des orateurs d'estaminets et de réunions publiques. Mais trop d'habileté nuit quelquefois. Dans son acte préparatoire, le rédacteur avait introduit malicieusement des conditions impossibles à réaliser : une clause, entre autres, qui entraînait pour les soumissionnaires l'obligation de démolir l'église dans le délai de deux mois. Ce subterfuge éloigna naturellement les concurrents ; mais les clameurs recommencèrent. Et, pour avoir été retardé, le danger qui me-

____

(1) Pour se faire payer de contribuables récalcitrants, un percepteur de la commune de Caen, par exemple, au lieu de demander un appui à ses chefs hiérarchiques, adresse sa plainte à la *Société populaire* dans la séance du 13 pluviôse an II.

naçait l'admirable monument n'en parut que plus redoutable.

A ceux qui réclamaient, à grands cris, la destruction de la cathédrale, l'administrateur du District répondit alors résolument qu'il prenait à sa charge les frais de l'entreprise [1]. Pour peu que le régime de la Terreur se prolongeât, c'était tout simplement sa fortune et sa vie que risquait le dévoué patriote. Comme on était à une époque toute d'action, où l'on ne se contentait pas de paroles, M. Le Forestier, sous peine de perdre sa popularité, dut aussitôt commencer l'œuvre de destruction. Mais il mit à démolir cette sage lenteur que l'auteur de l'*Art poétique* recommande à ceux qui prétendent édifier, en remettant « vingt fois sur le métier » leur ouvrage. Deux maçons bas-normands, habilement choisis parmi les membres les moins actifs d'une corporation renommée pour son inertie, furent en effet chargés de procéder à la démolition de l'immense édifice !

Grâce à ce stratagème, qui dénotait chez

[1] Dans un article nécrologique, publié dans l'*Écho Bayeusain* du 6 mars 1849, M. Georges Villers dit que M. Le Forestier « se rendit adjudicataire de « la cathédrale pour le prix de 280.000 francs ». Nous ne savons dans quel document l'auteur de cet article a pu trouver ce nombre exact ; car tout ce qui concerne les tentatives faites par M. Le Forestier, pour sauver la cathédrale, nous a été conservé seulement par la tradition. Tous les récits, émanant de contemporains dignes de foi, sont certainement concordants ; mais ils n'offrent rien de précis, comme pourrait l'être le montant d'une adjudication qui aurait figuré dans une pièce écrite.

son inventeur autant de finesse que d'audace,
on put gagner du temps et préserver le monument, jusqu'au jour où la loi du 11 prairial
an III permit aux communes le libre usage
des édifices destinés au culte. La cathédrale
de Bayeux, cet admirable composé d'architecture romane et gothique, était enfin sauvée !

Après un tel service, rendu non seulement
à sa ville, mais à la France, M. Le Forestier aurait dû, semble-t-il, mériter la reconnaissance unanime de ses concitoyens. Il
n'en fut pas ainsi; et ce qui lui arriva
démontre amèrement que, s'il est difficile de
« contenter tout le monde » comme l'a dit
La Fontaine, cela devient tout-à-fait impossible
dans les temps de révolution.

Pour les royalistes exaltés, l'administrateur
du Directoire du district de Bayeux avait en
effet un tort impardonnable. Il était fonctionnaire de la République et sincèrement dévoué
aux idées nouvelles. C'est à ce double titre
qu'il reçut la curieuse lettre de menaces (1)
que voici :

« Le capitaine Jambe d'argent, commandant
« le dix-septième régiment des chasseurs du
« roy, dans lequel je sers, ayant appris de
« quel poste républicain tu étais revêtu à
« Bayeux, me commande de t'écrire pour te
« donner avis que s'il t'arrive de persécuter
« les prêtres catholiques qui peuvent être

____

(1) Manuscrits de la Bibliothèque de Caen, in-fol.
178.

« encore dans ta commune, d'après l'ordre de
« ton prétendu ministre de l'intérieur et la
« liste de proscription *que ta lâche munici-*
« *palité a donnée*, toi et elle serez immolés
« à la juste vengeance que nous scaurons
« exercer sur vos têtes coupables, quelles que
« soient les précautions que vous preniez
« pour vous y soustraire. Prends garde à cet
« avertissement et tremble si tu le trans-
» gresses.

                « Vive le Roy !

                        « SANSPEUR..

    « 6 janvier 1796,
    « du règne de Louis XVIII.
    « l'an second. »

Fort heureusement pour M. Le Forestier,
l'auteur de cette lettre, qui n'était rien autre
que le bourreau des royalistes, tomba, le 27
mars 1796, entre les mains des bleus, qui le
fusillèrent le lendemain, sur la route d'Alençon (1).

Après avoir ainsi échappé à la vengeance
des chouans, le vaillant fonctionnaire vécut
assez pour trouver encore une nouvelle occasion de se dévouer lorsqu'éclatèrent à Bayeux,
en 1812, les troubles causés par la cherté des
blés. Puis, quelque trente ans plus tard, il
s'éteignit, chargé d'années, fort en honneur
auprès des rares contemporains qui furent
témoins de ses actes de courage, mais ignoré

______

(1) *Louis de Frotté*, par L. de la Sicotière, t. 1,
p. 533.

déjà des nouvelles générations, qui ne savent même pas le nom de l'homme auquel elles doivent la conservation des précieux monuments qu'elles admirent.

LE MEURTRE DU BARON D'ACHÉ

EN 1809

LE

MEURTRE DU BARON D'ACHÉ

EN 1809

I

On croit généralement que la France ne
commença à se détacher de Napoléon Ier qu'a-
près les désastres de Russie et les revers de
1813. Suivant la plupart des historiens, l'op-
position se serait jusque-là recrutée parmi les
partisans des Bourbons, les républicains incor-
rigibles, les ambitieux déçus, et les esprits
naturellement frondeurs qui refusent de se
laisser éblouir par ce qui fait l'admiration
des autres. En un mot le mécontentement
n'aurait pas encore gagné les masses profon-
des du peuple, qui, amoureux de la force
triomphante, subissait sans réserve l'ascen-
dant du vainqueur d'Austerlitz.

Nous pensons que cette opinion est absolument contraire à la vérité. Si l'empereur était

acclamé sur les champs de bataille par les soldats, vieillis dans le métier, qui avaient suivi sa fortune, il était maudit tout bas par les travailleurs, que la conscription arrachait impitoyablement à l'atelier ou à la charrue. Il ne faut pas croire en effet, avec l'auteur des *Iambes*, que le peuple « n'aime que le « bras qui, dans les champs humides, par « milliers fait pourrir ses os. » La vérité est qu'il s'en lasse bien vite, et le premier. Mais, comme ses plaintes sont étouffées par la censure, ou couvertes par les clameurs de l'enthousiasme officiel, l'histoire doit chercher la preuve de cette sourde révolte des âmes dans les menus détails de la vie qui ont échappé, grâce à leur apparente insignifiance, aux sévérités des fonctionnaires chargés de bâillonner la nation.

Dès l'année 1806, au moment même où la gloire de Napoléon était dans tout son éclat, cet esprit de rebellion se manifeste dans un des départements les plus calmes de l'empire. Le Calvados peut cependant passer, à bon droit, pour une des régions de France les plus rétives à toute idée révolutionnaire. Même en 93, on trouverait rarement dans son histoire quelque trace sanglante de nos discordes civiles. C'est un pays essentiellement modéré, où règne la plus complète indifférence en matière politique. Malgré cela, des échos judiciaires du temps ne nous permettent plus

de douter que la révolte n'y fût à l'état latent
dans les esprits.

En effet, il n'est guère de numéro du
Journal du département du Calvados où il
ne soit question de *fameux fabricateurs* de
faux titres, favorables à la désertion, et con-
damnés à plusieurs années de fers par arrêt
de la Cour de justice criminelle spéciale. La
célébrité de ces escrocs témoigne suffisamment du nombre important de leur clientèle.
Ce n'est pas tout ; les faussaires trouvaient
souvent un appui matériel dans les populations qui profitaient de leur coupable indus-
trie. Le paysan bas-normand, si lent à s'é-
mouvoir, si respectueux envers l'autorité,
qui craint de se compromettre et, dans ses
querelles particulières, parlemente et injurie
longtemps avant de se décider à en venir aux
mains, n'hésitait plus à se faire ouvertement
le défenseur des malfaiteurs qui l'aidaient à
violer la loi sur la conscription. L'exemple
vaut la peine d'être cité. Il nous montrera
quelle était la profondeur du mal qui commençait à miner la puissance colossale du
despote.

A la date du 25 mai 1806 deux gendarmes
sont chargés d'arrêter, aux environs de Vire,
un individu soupçonné de délivrer de faux
papiers aux conscrits réfractaires. « Vêtus de
« leur uniforme, dit naïvement le *Journal*
« *du Calvados* dans son numéro du 1ᵉʳ juin,

« ils n'auraient pu réussir dans un canton où
« l'on *protége* la désertion. » Ils se déguisent
donc et, après mille précautions, ils parviennent à arrêter le faussaire. Mais celui-ci, très
robuste, se défend en désespéré. « Les deux
« gendarmes ont été extrêmement maltraités,
« continue le *Journal du Calvados ;* on sera
« peut-être étonné qu'ils n'aient pas fait
« usage de leurs armes à feu ; c'eût été une
« imprudence dans un pays où ils ont vaine-
« ment, au nom de la loi, fait des sommations
« de les aider, et lorsqu'ils avaient à passer
« devant un four allumé, devant lequel ils ont
« couru le plus grand danger, et auquel ils
« n'ont échappé qu'au moyen de ces mêmes
« armes. »

Ainsi, au moment où la fortune de l'Empereur resplendissait d'un éclat incomparable,
à l'heure où tout semblait plier sous la puissance de sa volonté, le fanatique pour adorer
l'idole, l'ambitieux pour en recevoir des bienfaits, le trembleur pour ne pas attirer sa
colère, voilà le pitoyable aveu que nous trouvons dans un des organes de cette presse qui
n'écrivait, d'un bout de l'empire à l'autre, que
sous la dictée du maître ! Des agents de la
force publique, sous ce gouvernement qui
avait rétabli l'ordre, se voyaient non-seulement délaissés, quand ils faisaient un appel
au nom de la loi, mais menacés d'être brûlés
vifs dans un four à chaux !

Jusqu'où ira donc l'audace de ces mêmes

paysans lorsque l'étoile du grand capitaine
aura commencé à pâlir, après la bataille douteuse d'Essling et le débarquement des Anglais
à Walcheren ? Nous allons bientôt le voir.

Au mois d'août 1809, lorsque l'Empereur
apprit la nouvelle de l'expédition dirigée par
l'Angleterre contre l'île de Walcheren, il avait
trois cent mille hommes en Espagne, autant
en Allemagne, cent mille en Italie, et, en
France, pas un soldat pour protéger les côtes
et garder Paris ! Devant cette situation, qui
révélait les dangers d'une politique belliqueuse
à outrance, Napoléon ne manifesta pas le moindre trouble. Il ne vit, au contraire, dans cette
crise, qu'un moyen de faire sortir, d'une forte
commotion, la matière du recrutement qui
commençait à lui manquer. La France était
lasse, épuisée par d'incessantes conscriptions ;
il le savait, et il espérait qu'à la première
apparition des Anglais sur le sol de l'Empire
la nation s'armerait avec enthousiasme, comme
en 1792, pour repousser l'étranger. Toutefois,
pour venir en aide à cet élan patriotique, il
jugea bon d'envoyer sa complète adhésion
aux projets de Fouché qui avait déjà procédé,
de sa propre autorité, à la levée des gardes
nationales.

Les préfets aussitôt convoquent les maires
et organisent une espèce de conscription,
volontaire en apparence, mais en réalité
forcée. Devant cette ressource inespérée, la
joie de Napoléon éclate dans toute sa corres-

pondance. « C'est, écrit-il au commencement de septembre (1), une suite du bonheur attaché aux circonstances actuelles que cette expédition qui réduit à rien le plus grand effort de l'Angleterre, et nous procure une armée de 80.000 hommes *que nous n'aurions pas pu nous procurer autrement.* » Mais bientôt 80.000 hommes ne lui paraissent plus suffisants. Le 4 septembre, il envoie, dans une lettre, au général Lacuée, le projet d'une organisation *permanente* des gardes nationales en huit armées, formant près de 300.000 hommes. Presque subitement toutefois, il change d'opinion ; car, dans une lettre du 21 septembre, il écrit au général Clarke, chargé de lever les gardes nationaux, que son « intention n'a jamais été d'en lever plus de trente mille. »

Que s'était-il donc passé dans l'intervalle, entre la lettre du 4 et celle du 21 septembre ? Le ministre avait envoyé aux préfets des circulaires indiquant les moyens d'appeler les hommes, de les lever, de les habiller, de les réunir. Mais l'instinct populaire avait déjà deviné la pensée secrète de l'Empereur. Dans cette réunion projetée des gardes nationales, il soupçonna une forme hypocrite de la vraie, de l'exécrée conscription.

S'il y eut dans certains départements de la fermentation, des troubles, des révoltes ou-

(1) THIERS, *Histoire du Consulat et de l'Empire,* tome II, page 245.

vertes, en Normandie, le paysan se contenta
de combattre la ruse par la ruse. Il devina le
piège qu'on lui tendait, et joua au plus fin.
Puisqu'on n'osait pas l'embrigader de force
et que l'on croyait devoir faire appel à son
patriotisme, il traita la chose comme un mar-
ché et voulut régler à l'avance la portée de
ses engagements.

Nous trouvons un curieux exemple de cette
résistance dans la lettre adressée au préfet
du Calvados, le 10 septembre 1809, par le
maire de Douvres. Les garçons et veufs sans
enfants, convoqués ce jour-là à la mairie pour
fournir des hommes destinés à former trois
bataillons de la garde nationale, demandent
au maire qu'il soit sursis au tirage jusqu'à ce
que le préfet ait statué sur leurs réclama-
tions. Voici ces observations, dont nous trans-
crivons fidèlement la rédaction et l'ortho-
graphe (1).

« 1° Que l'enemy peut menaser nos costes
« à chaque instant et qu'il n'y a que cette
« jeunesse qui peut le repousser; 2° que des
« meurtres arrivent malheureusement trop
« souvent dans ces contrées, tels que cette
« nuit, et qu'il serait à désirer qu'ils fussent
« armés pour faire des patrouilles et empé-
« cher le brigandage; 3° qu'ils s'obligent de
« monter la garde soit au poste de Luc ou
« autrement pour maintenir l'ordre et la tran-

(1) Archives du Calvados. Dossiers concernant les
gardes nationales en 1809.

« quillité publique ; et enfin qu'ils s'obligent
« d'aller tous indistinctement au *service de*
« *ces contrées* où la chose requerera célé-
« rité... »

Un meurtre, dont nous allons étudier les
circonstances mystérieuses, avait été commis
en effet, dans la nuit même, sur le territoire
de Douvres. Et nous pouvons remarquer, en
passant, l'étonnante promptitude avec laquelle
ces paysans bas-normands s'étaient emparé
de ce fait, pour en forger un argument d'a-
vocat dans l'intérêt de la cause qu'ils soute-
naient contre l'administration. Tous les arguments qu'ils invoquent tendent au même but.
Ils s'engagent à faire le meilleur service dans
leurs foyers. L'important pour eux, c'est de
ne pas quitter leur village ; car ils ne doutent
pas qu'une fois partis on ne les retienne sous
les drapeaux pour les convertir en conscrits,
malgré l'organisation *dite provisoire* des
nouvelles gardes nationales.

Le maire lui-même approuve leurs réclama-
tions, leur donne raison, retarde le tirage et
paralyse ainsi une opération générale, au
mépris des ordres de l'autorité supérieure !

Et ce fait ne se produit pas seulement à
Douvres. Nous en pourrions relever de semblables dans un grand nombre de communes
du Calvados, surtout dans celles du littoral.

Cette exaspération des esprits, qui osait
s'affirmer au grand jour et braver le despotisme impérial jusque dans les mairies et

avec la complicité des agents inférieurs du pouvoir, nous aidera à comprendre un fait historique jusqu'ici difficile à expliquer.

Au lendemain de la Révolution, dans ces campagnes normandes où le paysan pouvait enfin cultiver sa terre sans payer ni dîme, ni relevances seigneuriales, dans ce riche pays où les cœurs gardent, plus vivace qu'en toute autre contrée, la haine de ce qui rappelle les corvées et les impôts de l'ancien régime, on vit un des agents royalistes les plus ardents nouer ses intrigues, pendant plusieurs années, sans tomber dans les pièges que lui tendaient la police et la contre-police de l'empire.

Malgré le refuge qu'il trouvait dans les maisons amies, lorsqu'il était traqué de trop près par les limiers de Fouché, le conspirateur n'aurait pu certainement sauver sa tête, s'il n'avait été soutenu, sinon par la sympathie, au moins par le silence bienveillant des populations au milieu desquelles il faisait ses courses aventureuses. Une similitude de mauvaise fortune devait établir un lien fraternel entre l'émigré et ces autres proscrits de l'intérieur, ces fils de paysans, conscrits réfractaires et déserteurs, que la gendarmerie poursuivait comme des bêtes fauves et qui, chassés des bois, rencontraient dans leur fuite tant de maisons ouvertes, que le Gouvernement fut obligé de prendre des mesures générales de répression contre des communes tout entières (1). Divisés sur le terrain politique, le chef royaliste et les paysans se sentaient rapprochés par leur haine commune du despotisme impérial. En un mot, sans être précisément complices, ils souhaitaient également, avec des visées différentes, la fin d'un régime qui leur était odieux.

II

François-Robert d'Aché, cet agent royaliste, était né en 1758 à Marbœuf, dans le département de l'Eure. Guidé peut-être dans le choix d'une carrière par son oncle, l'amiral d'Aché, qui commandait, en 1757, la flotte destinée à protéger les établissements français dans l'Inde, le jeune homme entra dans l'armée navale. Au moment où la Révolution éclata, il fut l'un des premiers à émigrer et guerroya quelque temps à l'étranger. Puis il vint en Vendée, où il se chargea du service périlleux de la correspondance entre les princes et les chefs de l'insurrection. Plus tard, il fut gravement compromis dans le procès de Georges Cadoudal et obligé de chercher un refuge en Angleterre.

(1) Voir dans le *Mémorial administratif du département de l'Orne*, à la date du 20 juillet 1809, une circulaire dans laquelle le préfet adjure les maires, la plupart récalcitrants, de déployer tout leur zèle pour éviter aux communes l'envoi de garnisaires qui n'en sortiront qu'après le retour volontaire ou l'arrestation des réfractaires et des déserteurs.

L'audace et l'activité, dont le baron d'Aché avait donné tant de preuves, semblaient le désigner comme le successeur naturel du conspirateur qui venait d'être exécuté à Paris. La grande guerre vendéenne n'était plus possible. Les princes et le Comité secret de Londres se voyaient réduits à troubler la paix intérieure de la France par des complots, sans cesse renaissants, et par l'organisation de bandes qui enlevaient les deniers publics. On espérait ainsi prendre, en quelque sorte, le gouvernement par la famine et entretenir un malaise, qui entraînerait peu à peu la ruine de l'Empire, en attendant que quelque désastre militaire lui donnât le coup de grâce.

Pour nouer ces intrigues sur le continent et diriger ces expéditions dangereuses, le Comité de Londres jeta les yeux sur le baron d'Aché. On ne pouvait faire un meilleur choix. D'une stature colossale et d'une force peu commune, l'ancien officier de marine joignait à ces qualités physiques le sang-froid, l'intelligence et la profonde connaissance des hommes, qui font les grands aventuriers. La duchesse d'Abrantès nous trace de lui, dans ses *Mémoires* (1), un portrait qui le transforme en véritable héros de roman. Accompagné seulement d'un ancien matelot de son bord, il aurait, suivant elle, traversé souvent la mer sur un fragile canot, bravant les temps

(1) Tome XVI, chap. IV.

les plus affreux et se mettant, comme pour réaliser le mot de Pitt, *sous la protection des tempêtes*.

Tout en faisant la part de l'exagération chez un auteur qui apporte beaucoup trop de fantaisie dans ses récits, il n'en reste pas moins certain que l'agent royaliste fit de fréquents voyages entre l'Angleterre et la France, avec autant d'intrépidité que de bonheur. Il n'eut que le tort, quoiqu'en dise la duchesse d'Abrantès « qui ne voudrait pas d'ombre à son caractère », de prendre une part trop active à l'enlèvement des fonds publics portés par la diligence d'Alençon.

Cette expédition à main armée, qui eut lieu près de Falaise et où plusieurs gendarmes restèrent sur le terrain, donna lieu à de retentissants débats devant la Cour de justice criminelle *spéciale*, réunie à Rouen le 15 décembre 1808. Le baron d'Aché, qui figurait parmi les accusés absents sous le double sobriquet de *Delaurières* et d'*Alexandre* 1, parvint à dérober sa tête à la justice. Mais les mauvais jours allaient commencer pour lui. L'Empereur, exaspéré par ce dernier réveil de la chouannerie, envoya d'Allemagne les ordres les plus sévères pour surveiller les départements voisins de la mer.

Tandis que la plupart de ses complices —

(1) *Journal du département du Calvados*, n° du 22 déc. 1808.

et parmi eux la jeune Madame Acquet —
mouraient sur l'échafaud, le baron d'Aché
trouvait à Trévières, près de Bayeux, un asile
dans une famille de Montfiquet, qui lui payait
ainsi une dette de reconnaissance pour un
service analogue rendu pendant la Révolution.
Au bout d'un an environ, la retraite du proscrit fut découverte et fouillée par une troupe
nombreuse de gendarmes ; le baron d'Aché
dut chercher alors un autre refuge chez des
dames Amfrye, qui habitaient une maison
isolée à un quart de lieue de Bayeux. Pour
dérouter ses ennemis, l'agent royaliste chan-
geait souvent de domicile. Tout en restant
dans la même ville et ses environs, il allait
tantôt chez une demoiselle Dumesnil, tantôt
chez une demoiselle Duquesnay de Montfiquet,
parente de la famille de Trévières. Ces arden-
tes royalistes avaient formé une sorte d'association, où l'on faisait de la politique sous le
couvert de la fraude avec l'Angleterre. On se
procurait ainsi l'avantage de gagner quelque
argent, tout en échangeant avec les princes
de fréquentes correspondances, dissimulées
dans des cartons de dentelles.

Mais le gouvernement fit exercer sur le
littoral du Calvados une surveillance si rigoureuse que cette dernière ressource échappa
bientôt au proscrit. A cet instant critique, le
baron d'Aché, sur certains avis qui lui vinrent
de Londres, se persuada que Fouché, ministre
de la police, n'était pas éloigné de travailler

dans l'intérêt des Bourbons et de trahir Napoléon. Avec la promptitude de décision d'un homme habitué aux aventures les plus périlleuses, il saisit sans hésiter l'occasion d'échapper, par un coup d'audace, à l'état précaire dans lequel il végétait. Il fit donc le voyage de Paris et osa se présenter devant Fouché, pour le conjurer d'abandonner l'Empereur et de prêter son concours au rétablissement des Bourbons.

« Je ne veux pas, aurait répondu le duc
« d'Otrante, abuser de votre témérité et vous
« faire arrêter *hic et nunc*. Je vous donne
« trois jours pour sortir de France ; pendant
« ce délai je vous ignorerai complètement ;
« le quatrième jour, je déchaînerai mes agents
« contre vous, et si vous êtes pris, vous en
« subirez toutes les conséquences. »

S'il est permis de douter de la complète authenticité de ces paroles, citées par les *Mémoires de Fouché*, dont la rédaction appartient, non au duc d'Otrante, mais à Alphonse de Beauchamp, il est du moins certain que le baron d'Aché ne fut pas immédiatement arrêté. Rentré à Bayeux, il chercha vainement, avec son entourage royaliste, les moyens de fuir et de passer en Angleterre, lorsque, dans la nuit du 5 septembre, Mme de Vaubadon arriva inopinément chez Mlle Duquesnay de Montfiquet, pour l'adjurer de l'aider à sauver le proscrit.

Cette dame de Vaubadon, royaliste exaltée, dont le mari avait émigré au commencement de la Révolution, avait rendu à son parti, pendant la Terreur, des services signalés. Mais, depuis le retour de l'émigré en France, elle avait refusé de réintégrer le domicile conjugal et mené une vie tellement indépendante, pour ne pas dire scandaleuse, qu'elle s'était placée en marge de la société aristocratique qu'elle fréquentait autrefois. Ses relations avec Bruslart, chef de la chouannerie, avec Ollendon, ancien chouan d'une fidélité louche, avec beaucoup d'autres, même avec d'Aché qu'elle aurait eu pour amant, lui avaient fait une situation irrégulière qui l'obligea à quitter Bayeux. Elle était donc venue habiter Caen où elle dissipa sa fortune en folles dépenses.

Perdue d'honneur et de dettes, quoique défendue encore par d'anciennes amies dont la profonde honnêteté se refusait à croire tout le mal qu'on disait d'elle, son existence anormale la désignait aux tentatives d'embauchage de la police de Fouché, qui cherchait des recrues dans les rangs des royalistes suspects. Connaissant bien des secrets, elle était de celles qui devaient rendre de précieux services, grassement rétribués, au gouvernement impérial. Fouché l'avait bien jugée. Car il n'est plus douteux maintenant que Mme de Vaubadon n'ait été l'instrument direct du piège tendu à l'infortuné d'Aché. Son odieuse trahison est attestée par les termes mêmes d'un rapport officiel adressé, le 6 juin 1812, à l'empereur par le duc de Rovigo, pour lui recommander Mme de Vaubadon : « Votre Majesté daignera se rappeler que, sur les instances de M. le sénateur de Pontécoulant, elle consentit à faire les démarches nécessaires pour mettre d'Aché dans les mains de la police. »

Très-dévouée, très-loyale, très-convaincue que Mme de Vaubadon avait été victime d'infâmes calomnies, Mlle de Montfiquet accueillit son ancienne amie avec empressement, presque avec reconnaissance. N'arrivait-elle pas au moment même où l'on ne savait comment soustraire d'Aché aux poursuites de la police impériale ? Avec sa foi naïve, elle ne devait pas être éloignée de voir, dans la démarche du perfide émissaire de Fouché [1], une sorte d'intervention providentielle.

« Tu n'as aucun moyen de le sauver, avait « dit Mme de Vaubadon à sa crédule amie [2] ; « moi, toutes mes mesures sont prises. J'ai à « ma disposition un petit navire qui, pour 8 « à 900 fr., le transporterait en Angleterre ;

[1] Sur les relations de Mme de Vaubadon avec la police impériale on trouvera de nombreux détails dans les ouvrages suivants: *La police et les chouans sous le Consulat et l'Empire* par Ernest Daudet ; édition de 1895, pages 268 et suiv. — *Tournebut* par Lenotre ; édit. 1901, pages 312 et suiv.

[2] Mots cités et soulignés par M. Charles Le Sénécal, qui devait les tenir de Mme de Montfiquet elle-même, dans une brochure publiée à Bayeux en

« j'ai un guide pour le conduire à la mer, et
« deux marins pour diriger le bateau. Donne-
« lui au moins un rendez-vous où mon guide
« le prendrait. Si tu ne le fais pas, la respon-
« sabilité de sa mort retombera sur toi. »

Sans défiance, Mlle de Montfiquet accepta,
au nom du baron d'Aché, la proposition qu'on
lui faisait. Dans la nuit du 7, elle conduisit
elle-même le proscrit au lieu du rendez-vous,
près de l'abbaye de St-Vigor-le-Grand. Après
avoir échangé avec le guide, qu'elle y trouva,
les mots d'ordre et les signes de reconnaissance
convenus entre elle et son amie, elle se sépara
du baron, qui s'éloigna avec l'étranger dans
la direction de La Délivrande. Elle resta
cependant assez de temps pour apercevoir, de
loin, deux hommes qui se réunirent aux voya-
geurs, à l'extrémité du long mur qui fermait,
du côté de la route, le parc de l'abbaye.

Tandis que le baron d'Aché suivait, à une
heure avancée de la nuit, le guide qu'on avait
chargé de le conduire au bord de la mer, à
l'endroit où il espérait trouver un bâtiment
prêt à mettre à la voile, le maire de Luc, par
un singulier jeu des événements et du hasard,

1809, et portant ce titre : *Le meurtre du baron
d'Aché. — Vérités historiques opposées aux fictions
des romans.* Cette notice, écrite par un contemporain,
renferme de précieux renseignements sur le meurtre
du baron d'Aché ; il faut toutefois se défier des jugements qu'il a portés sur Mme de Vaubadon. Ami de
la famille, il a essayé d'atténuer la conduite abomi-
nable de cette femme que M. Benet, archiviste du
Calvados, a si justement qualifiée de *Dalila de l'insaisissable Chouan*, dans son *rapport* de 1901-1902.

veillait dans sa maison avec sa famille et ses
domestiques. C'était le lendemain, 8 septembre, qu'il devait procéder au tirage au sort
des hommes de sa commune, pour la levée
des gardes nationales. Cette nouvelle avait
causé dans le pays une violente irritation.
Dans la journée il s'était formé des rassem-
blements, où l'on menaçait d'envahir la mairie,
de brûler les papiers, en un mot de s'opposer
par la force à une mesure dans laquelle les
paysans devinaient, avec la sûreté de l'instinct, une conscription déguisée.

Craignant des troubles sérieux, peut-être
même une attaque pendant la nuit, le maire,
M. Boullée, avait pris la résolution de rester
debout, pour se tenir prêt à tout événement.
Vers une heure du matin, un coup de feu, tiré
du dehors, fit tressaillir le maire et les personnes qui veillaient avec lui dans la même
pièce. La balle, envoyée dans la direction de
la lumière, avait été heureusement arrêtée
par un des croisillons de la fenêtre, dans
laquelle elle s'était incrustée. On courut dans
la cour, où l'on trouva la cartouche qui brûlait encore, et l'on se mit à la poursuite d'un
homme qui fuyait ; mais le meurtrier, ayant
trop d'avance, disparut dans l'obscurité profonde des champs.

Le maire demanda du secours au poste des
canonniers garde-côtes, qui ne put envoyer
que deux hommes. Deux autres garde-côtes,
qui avaient fait patrouille pendant une partie

de la nuit, rejoignirent leurs camarades peu
de temps avant la naissance du jour, et racon-
tèrent qu'ils avaient entendu tout récemment
plusieurs coups de feu, dans la direction du
petit vallon que traverse, à la sortie du bourg
de La Délivrande, le chemin de Luc à la mer.

Accompagné de ses domestiques, et des
garde-côtes, le maire se dirigea aussitôt vers
le lieu indiqué. Comme on explorait les chemins sans résultat, un paysan, qui accourait à
travers champs, appela tout à coup le maire
et son escorte, pour leur montrer un cadavre
qu'il venait de découvrir derrière des meules
de paille. On aperçut alors, gisant près d'un
cheval, qui paraissait mort, le corps d'un
homme couvert de blessures horribles.

L'homme assassiné était vêtu d'une veste
de chasse en drap bleu, d'un pantalon de
velours, et chaussé de bottes à l'écuyère. Il
avait les mains liées derrière le dos avec un
ruban de fil bleu. Deux pistolets de poche
anglais, restés chargés, une canne à épée et
la crosse brisée d'un fusil à deux coups furent
trouvés auprès du cadavre.

A la vue de ce malheureux, à peu près de
sa taille et presque vêtu comme lui, le maire,
qui venait lui-même d'être l'objet d'une ten-
tative de meurtre, montra une vive émotion.
Il supposa, non sans quelque raison, que la
victime, par suite d'une méprise, avait été
frappée à sa place. L'état de surexcitation des
esprits, à la veille du tirage au sort, pouvait

d'ailleurs lui faire craindre que quelque désespéré n'eût voulu donner un sinistre avertissement au pouvoir, en tuant un des fonctionnaires chargés d'appliquer une mesure qui indignait la conscience publique.

Le maire n'en procéda pas moins au triste inventaire du cadavre, sur lequel on ne trouva aucuns papiers, mais seulement une montre, une trentaine de francs et un petit livre intitulé *Pensées chrétiennes*, dont l'un des feuillets portait le nom de Mlle de Montfiquet.

Le jour, qui grandissait, permit bientôt d'apercevoir une traînée de sang qu'on suivit, depuis l'endroit où gisait le cadavre, jusqu'à l'embranchement des trois chemins, d'où les garde-côtes avaient entendu partir plusieurs coups de feu. Cette circonstance et l'état du cheval, qui n'était que blessé et qu'on put faire marcher, prouvait jusqu'à l'évidence que le corps de l'homme tué avait été porté à environ deux cents mètres, vers La Délivrande, et placé au revers de la meule de paille, du côté des champs, pour retarder la découverte du crime.

La nouvelle de ce meurtre, accompli dans des circonstances si mystérieuses, se répandit avec d'autant plus de rapidité dans le pays que les convocations pour le tirage au sort avaient mis sur pied toutes les populations des villages voisins. De tous les côtés on accourait, pour voir le cadavre, que le maire

avait fait transporter dans une grange, près
de la chapelle de La Délivrande.

Des bruits étranges commencèrent bientôt
à circuler dans la foule. On se rappela que,
depuis quelques jours, des hommes, dans
lesquels on reconnaissait aisément des gendarmes déguisés, rôdaient du côté de la mer ;
qu'ils avaient eu l'audace d'arrêter deux
garde-côtes pour leur demander leurs papiers ;
qu'enfin les mêmes hommes marchaient la
nuit avec une lanterne sourde, qu'ils portaient
subitement sous le visage des passants. Un
paysan, venu de Mathieu, racontait que le
matin, au point du jour, quatre gendarmes
déguisés s'étaient arrêtés dans un cabaret du
village et que, pendant leur déjeuner, un enfant
de six ans, blotti dans une alcôve fermée,
aurait vu *les messieurs tirer d'une boîte de
fer blanc des liards jaunes qu'ils partagèrent entre eux* (1). Était-ce le prix du sang ?
La foule le crut, vivement impressionnée par
ce naïf et fidèle témoignage d'un enfant.

Un employé de la préfecture du Calvados,
M. Marie, qui avait été invité à passer la
journée du dimanche à La Délivrande, très-
préoccupé de l'événement et des commentaires auxquels il donnait lieu, voulut vérifier
lui-même l'état du cadavre, dont l'autopsie
ne fut faite qu'à quatre heures et demie de
midi. Ce témoin, d'un de fut

(1) Brochure de M. Le Sénécal, p. 15.

la description suivante des blessures (1).
« Les sinus frontaux, brisés et rabattus sur
les yeux, rendaient ceux-ci invisibles. Aux
cuisses, les blessures avaient été fouillées,
agrandies, et, à la face interne de l'une d'elles,
une tranche de chair soigneusement découpée,
pour faire, selon toute apparence, disparaître
un signe trop visible. »

Le soin que les assassins avaient pris de
mutiler le cadavre, pour le rendre méconnaissable, ne fit que surexciter davantage la curiosité publique. Comme il arrive souvent en
pareil cas, les précautions, sur lesquelles les
meurtriers avaient compté pour entourer leur
crime de mystère, servirent au contraire à
découvrir plus tôt l'identité de la victime.
Parmi les curieux, accourus de tous côtés
pour voir l'homme tué dans des circonstances
si dramatiques, il se trouva en effet quelques
personnes qui, à l'aspect des vêtements ou
des armes du mort, crurent reconnaitre dans
celui-ci le baron d'Aché.

III

Le lendemain 9 septembre, M. Marie se
rendit de bon matin à la Préfecture pour

____

(1) Note manuscrite qui nous a été communiquée
par le fils de M. Marie, représentant du peuple en
1848 et ancien colonel de la garde nationale de Caen.
Une copie de cette note, que nous avons annexée à
la brochure de M. Le Sénécal, est conservée à la
Bibliothèque municipale de Caen.

raconter au préfet Caffarelli, qui ignorait
tout, ce qu'il avait vu et appris la veille à La
Délivrande. Surpris et indigné, le préfet courut aussitôt chez le procureur général, M.
Goupil de Préfeln, pour lui demander des
éclaircissements. Le magistrat, visiblement
embarrassé, répondit qu'il ne poursuivrait
probablement pas, et qu'on lui avait fait
entendre qu'il serait bon de ne pas donner
d'éclat à cette affaire. Il termina en conseillant
au préfet de s'abstenir lui-même et d'imiter
sa prudence. « Non, non, Monsieur! s'écria (1)
« M. Caffarelli, il ne sera pas dit que dans
« mon département, sous mes yeux, pour
« ainsi dire, un homme aura été assassiné, et
« que personne n'aura recherché l'assassin.
« Si vous ne faites pas d'enquête, je vais
« commencer la mienne, et je la poursuivrai
« comme un devoir à remplir ! »

Pour la première fois probablement, sous ce
régime du sabre, où les fonctionnaires étaient
embrigadés et soumis à la discipline la plus
rigoureuse, le pouvoir allait se trouver en
face d'un homme indépendant. Toutes les
précautions cependant avaient été prises pour
faire le silence sur le meurtre du baron
d'Aché. On ne s'était pas contenté de défigurer
le cadavre, pour le rendre méconnaissable;
dès le lendemain de l'assassinat, peut-être
même pendant qu'il se commettait, défense

____

(1) Note de M. Marie.

était faite aux magistrats de rechercher les vrais coupables. Même démarche auprès des journaux du département, assez friands pourtant de faits divers, à une époque où il leur était interdit de servir à leurs abonnés des discussions politiques. Grâce à ces précautions, on espérait retirer tout aliment à la curiosité publique et arrêter, dès son début, l'émotion qui suit inévitablement la découverte d'un crime, accompli dans des circonstances mystérieuses. Mais il suffit de la résistance inattendue d'un homme de cœur pour déjouer tous ces calculs.

L'homme, qui allait entreprendre cette noble lutte contre les abus d'un pouvoir despotique, mérite de fixer un instant notre attention. Charles-Antoine Caffarelli, né en 1758, descendait d'une ancienne famille, italienne d'origine, qui était établie depuis près de deux siècles dans le Haut-Languedoc. S'il se montra plus tard humain, plein de zèle pour l'accomplissement de ses devoirs, intègre et simple dans ses goûts, il ne dut pas seulement à son naturel heureux toutes ces qualités, qui font l'homme de bien. Outre les traditions d'honneur que lui avaient léguées ses ancêtres, il eut bientôt sous les yeux, autour de lui, parmi ses frères, des exemples du plus pur désintéressement.

Son frère aîné, Maximilien Caffarelli-du-Falga, s'était trouvé, tout jeune encore, après la mort de ses parents, le seul chef d'une

famille de dix enfants. Héritier de plus de la
moitié de la fortune que laissaient ses parents,
le jeune homme refusa d'accepter les avantages que lui assurait la loi et mit tout en
commun. Il ne se contenta pas de se dépouil-
ler au profit de ses frères, il les instruisit lui-
même et s'appliqua à leur assurer un brillant
avenir. Sa dernière pensée fut encore pour
eux lorsque, général de division du génie, il
fut frappé mortellement au siège de St-Jean-
d'Acre, en 1799. En mourant des suites d'une
opération, qu'il avait supportée avec un sang-
froid héroïque, le brave officier recommanda
sa famille au général Bonaparte, qui avait
pour lui la plus vive amitié.

Ce vœu du mourant ne fut pas oublié.
Bonaparte, devenu Premier Consul, s'attacha
comme aide-de-camp l'un des frères de Caffarelli, Auguste, qui devint un des bons généraux de division de l'empire, et nomma à la
préfecture de l'Ardèche Antoine Caffarelli,
qui avait été chanoine de Toul avant la Révolution.

Appelé peu de temps après à la préfecture
du Calvados, le 2 novembre 1801, l'ancien
ecclésiastique se distingua, dans ses nouvelles
fonctions, par une austérité de principes, une
simplicité de vie et un esprit de justice qui lui
valurent l'estime et même l'affection de ses
administrés. Au mois d'avril 1804, il fut élu
candidat au Sénat conservateur par le collège
électoral du département et, peu de temps

après, décoré de la croix de la Légion d'Honneur.

Très-sincèrement dévoué au gouvernement, qui l'avait placé à la tête d'un des plus riches départements de l'empire, il ne négligeait aucune occasion d'affirmer son zèle et de manifester sa reconnaissance pour le chef de l'Etat. A propos de fêtes données à Caen pour célébrer la victoire d'Austerlitz, le *Journal du Calvados* écrivait : « On nous ferait un « reproche mérité de passer sous silence le « *décor* ingénieux et expressif qu'a conçu « M. Caffarelli, préfet, qui, dans toutes les « circonstances, manifeste son attachement « pour le gouvernement. Sur la principale « porte de son hôtel était en transparent « cette inscription aussi vraie que sublime :

« CEDITE, ROMANI, VICTORES, CEDITE, GRAII,

« NESCIO QUID MAJUS NAPOLEONTE DATUR. »

Et c'était ce fonctionnaire, dont l'attachement à la personne de l'Empereur ne pouvait être mis en doute, c'était ce loyal et fidèle serviteur qui osait protester contre l'inertie commandée de la justice, qui ne craignait pas de déclarer hautement qu'il commencerait une enquête personnelle et ferait la lumière sur un événement, qu'on espérait jeter aux oubliettes, où se perd le souvenir des crimes impunis !

Le courageux préfet tint parole. Par son attitude énergique, il obligea tout d'abord la gendarmerie à rédiger le jour même, 9 septembre, un procès-verbal qui aurait dû être rédigé la veille. L'auteur de ce procès-verbal était un sous-lieutenant, nommé Foison, dans lequel les paysans de La Délivrande n'eurent aucune peine à reconnaître l'homme qui commandait les gendarmes déguisés, qu'on avait vus rôder, quelques jours avant le meurtre, dans les environs.

Deux jours après, ce même Foison revint à La Délivrande avec le capitaine de gendarmerie, M. Mancel, pour procéder à une vérification contradictoire. Dans l'intervalle, l'opinion publique avait fait aussi son enquête. Elle savait déjà que le guide, qui partit de Bayeux le soir du meurtre avec le baron d'Aché, avait été reconnu par Mlle de Montfiquet (1) pour être le sous-lieutenant de gendarmerie Foison. Les soupçons les plus graves pesaient sur cet homme, et lorsqu'il se présenta de nouveau chez M. Boullée, maire de Luc, cet honorable fonctionnaire, en invitant le capitaine de gendarmerie à déjeuner avec lui, ne lui cacha pas la répugnance qu'il aurait à voir le sous-lieutenant à sa table. Le moment des explications étant arrivé, Foison essaya de payer d'audace. Pressé de questions, il dit que le meurtre, accompli par ses hommes, avait été la conséquence d'une agression de la victime. *Mais il avait les mains liées!*

____

(1) Brochure de M. Le Sénécal, p. 9.

s'écria M. Boullée avec indignation et en présentant les ligatures qu'on avait trouvées aux poignets de l'homme tué ; *et ce sont bien des ligatures de gendarmes* [1] !

A travers les mensonges de procès-verbaux, rédigés par des agents intéressés à dénaturer les faits, la vérité commençait à se faire jour. Avec une obstination d'honnête homme décidé à rechercher les vrais coupables, le préfet Caffarelli ne se contentait pas de transmettre les procès-verbaux et rapports officiels au conseiller d'Etat, comte Réal, chargé du premier arrondissement de la police générale ; il entretenait avec ce haut personnage une correspondance suivie, dans laquelle il exprimait, sur un ton indigné, les soupçons qui lui venaient à l'esprit au fur et à mesure qu'il instruisait l'affaire.

« Le 11 du courant, écrivait-il le 14 sep-
« tembre au comte Réal [2], j'ai eu l'honneur
« de vous écrire pour vous informer de la
« mort d'un individu trouvé entre Luc et La
« Délivrande. Je vous ai simplement annoncé
« l'événement, et fait passer copie du procès-
« verbal qui m'a été remis. Mais à ce procès-
« verbal, les détails qu'on rapporte sur l'état
« où était le cadavre, quand il a été trouvé

[1] Brochure de M. Le Sénécal, p. 15.

[2] Cette lettre, dont nous donnons un fragment, a été reproduite dans la brochure de M. Le Sénécal, avec quelques autres du préfet Caffarelli et de M. Réal, publiées aussi *in extenso* ou par extraits.

« par les passants, donnent lieu à une forte
« réflexion qu'il serait de mon devoir de vous
« transmettre, s'ils avaient d'autre fondement
« que les discours du public.

« Le procès-verbal des gendarmes dit qu'ils
« ont rencontré deux individus armés ; qu'ils
« les ont interrogés, que ceux-ci ayant fait
« une décharge de leurs armes, ils se sont
« élancés dessus; que l'un s'est sauvé, que
« l'autre a lutté avec l'un d'eux, qui l'a tenu
« longtemps aux cheveux, qu'enfin il a été
« terrassé, et est resté mort sur la place,
« percé de plusieurs coups.

« Comment se fait-il que quatre gendarmes
« n'aient pas saisi un homme, qui était forte-
« ment tenu par les cheveux, et a lutté long-
« temps ? — Qui lui a donné le coup dont il a
« été percé ?

« Comment se fait-il qu'il ait été en quelque
« sorte mutilé ? — Comment, dans le second
« procès-verbal, fait par M. Mancel, est-il dit
« que la plaie existant sous le sein gauche a
« été faite par un instrument tranchant,
« tandis qu'elle a été faite évidemment par
« une balle dont la bretelle porte la marque ?
« — Comment les gendarmes, après avoir tué
« cet homme, l'ont-ils laissé sur le lieu du
« combat, et s'en sont-ils allés, sans s'inquié-
« ter de remplir aucune des formalités vou-
« lues en pareil cas, ou de l'effet que la vue
« du cadavre ferait sur le peuple ? — Faites
« ces questions, Monsieur le comte ; le public

« en fait et n'y peut trouver de solution : que
« répondre surtout, si, comme on le dit, l'in-
« dividu a été saisi, attaché fortement les
« mains derrière le dos, et ensuite fusillé ? —
« Quelles terribles conséquences tirer de ces
« faits s'ils sont vrais ? — Comment les gen-
« darmes pourront-ils s'occuper de leurs
« fonctions, sans crainte d'être traités comme
« des assassins ou des bêtes féroces ? »

Le rôle des gendarmes, soupçonné et jugé
sévèrement par le courageux préfet, fut au
contraire regardé par le gouvernement impérial comme un service exceptionnel, digne
d'être exceptionnellement récompensé. Car
une pièce officielle du temps (1), datée du 26
septembre 1810, constitue à chacun des auteurs
du meurtre une rente annuelle de cinq cents
francs « transmissible à leur descendance
directe et légitime, naturelle ou adoptive, de
mâle en mâle, par ordre de primogéniture. »

Pourrait-on imaginer une preuve plus acca-
blante de la préméditation du guet-apens de

(1) Voici cette pièce, publiée dans la notice suivante : *Langrune... par Eugène Liot.* Caen, imprimerie Adeline, 1895 :

« Nous Membres composant le Conseil d'administration de La Gendarmerie Impériale au dép' du
Calvados, certifions que le sieur Le Gras (Thomas),
Maréchal des logis de l'arme à pied à la résidence
de Caën, a reçu un brevet d'une doté de cinq cents
francs de rente annuelle, accordée par Sa Majesté
l'Empereur et Roy en récompense du zèle et du courage qu'il a présenté au sujet de l'arrestation du
nommé Robert [er] Daché, brigand redouté, conspirateur contre le Gouvernement, condamné à la peine
de mort par le tribunal spécial de Rouën pour vol
de la diligence, et signalé comme un des plus mar-

la Délivrande? Si les gendarmes s'étaient contentés de remplir leur devoir en arrêtant un malfaiteur contumace, on ne les aurait pas si grassement rétribués. Il y a là peut-être un fait unique dans les annales des dotations constituées par l'Etat. A quoi bon chercher ailleurs le mobile qui poussa l'Empereur et ses agents non seulement à se débarrasser du baron d'Aché, mais encore à se saisir des papiers compromettants dont il devait être porteur? Au prix du sang on devine facilement quelles raisons supérieures commandaient de s'assurer le silence du fameux conspirateur.

D'après les termes de la dernière lettre du préfet du Calvados, il n'était guère permis de douter qu'il fût sur la piste de la vérité. Malgré cela le comte Réal, directeur de la police, qui connaissait depuis longtemps toute

quants de Paris par son audace; lequel fut tué les armes à la main après une résistance opiniâtre au moment où il cherchait à s'embarquer à Luc près la Délivrande la nuit du 9 au 10 septembre 1809; il a été trouvé sur luy une correspondance avec l'anglais ainsy qu'une carabine anglaise et deux pistolets des quelles armes il s'était servy pour se deffendre.

Pourquoy nous avons délivré le présent pour valoir et servir, comme ayant bien mérité du Gouvernement, et de l'estime de ses chefs. »

Donné à Caën ce 26 septembre 1810.

MANCEL l^t pour le cap. absent.

DANIBERS
quartier m^{tre}

BOUQUEREL
g^{es}

Voir aussi : Décret du 27 juillet 1810, publié par M. Liot dans sa notice sur *Langrune*.

l'affaire par le menu, commença par feindre la plus complète ignorance sur l'identité de la victime, dont il avait pourtant reçu les papiers dès le lendemain du meurtre.

« ..... Un homme aussi complètement
« armé, écrivait-il le 15 septembre au préfet
« Caffarelli, qui se défend avec tant d'audace
« contre cinq gendarmes, un homme qui n'a
« que des armes anglaises, paraissant à deux
« heures du matin sur le bord de la mer, por-
« teur de renseignements assez précis sur la
« situation militaire et politique de la côte et
« de l'intérieur, n'est pas un espion dont on
« doive ignorer le nom. Ne négligez rien pour
« le trouver, mais en prenant vos informa-
« tions, évitez le bruit et l'éclat qui vous
« empêcheraient d'arriver au but qu'il faut
« atteindre, celui de trouver le noyau, le
« conseil secret de cet espionnage organisé,
« dont l'individu tué à La Délivrande n'est
« qu'un agent. »

Pressé de questions par le préfet Caffarelli, le comte Réal, dans sa lettre du 16, nomme enfin la victime, dont il paraissait ignorer l'identité dans sa lettre de la veille.

« ..... Je vous renvoie pour cette affaire
« d'Aché à ma lettre d'hier, dit-il, et les
« bruits dont vous me parlez me prouvent de
« plus en plus que la malignité voudrait
« donner le change, et me font réitérer, avec
« instance, la prière que je vous adressais, de
« suivre *seul*, et avec une grande circonspec-

« tion, les poursuites et les recherches dont
« je vous confie le soin. »

En autorisant le préfet à faire des recherches, on avait cent raisons d'espérer qu'il ne
découvrirait rien. On voulait seulement donner
une apparence de satisfaction à cet honnête
homme importun, à cet enfant terrible d'une
administration habituée à se taire, quand on
lui commandait le silence. Pour avoir l'air de
faire quelque chose, M. Réal imagina même
d'ordonner à un certain M. Liquet, commis-
saire de police à Rouen, de se transporter,
accompagné de témoins, ayant comme lui
parfaitement connu d'Aché, dans le département du Calvados, pour y vérifier, sur le lieu
du meurtre, l'identité de la victime. L'opération eut lieu le 23 septembre, en présence et
par les soins des gendarmes qui avaient vu
le corps avant l'inhumation.

Cependant, l'obstiné préfet ne se laissa pas
détourner du but qu'il poursuivait, par une
formalité dont l'utilité lui paraissait contes-
table. Ce n'était plus, pour lui, l'identité de
la victime qu'il fallait constater; ce qu'on
devait rechercher, c'était le nom des véritables
assassins.

Se défiant des rapports des agents, il voulut
faire son enquête lui-même, et, tandis qu'on
se préparait à exhumer le cadavre à La Délivrande, il se rendait à Bayeux, dans la ville
où le mort avait trouvé, aux heures de danger,
les dévouements les plus désintéressés et les

asiles les plus sûrs. A son retour à Caen, le
22 septembre, le courageux ami de la vérité
écrit à M. Réal « qu'il arrive de Bayeux,
« qu'il est certain que l'homme tué est d'Aché,
« qu'il connait tous ses rapports, sa retraite,
« ses liaisons, ses projets, l'argent qu'il
« emportait, et quels sont ceux qui l'ont
« conduit *à la boucherie;* qu'il n'avait pas
« depuis longtemps de rapports avec l'Angle-
« terre ; que M. Réal apprendra comment on
« s'y est pris pour le livrer (1). »

Le naïf honnête homme ne se doutait guère
que le directeur de la police n'avait plus rien
à apprendre depuis longtemps sur toute cette
affaire. Très-alarmé par l'attitude du préfet
du Calvados, qui devenait décidément dangereux, le comte Réal s'empressa de porter les
dernières lettres reçues à Fouché, qui réunis-
sait alors entre ses mains le portefeuille de
l'intérieur et celui de la police.

« Son Excellence, écrivit-il au préfet après
« cette entrevue, m'a répondu : que ces obser-
« vations et renseignements lui auraient été
« extrêmement utiles il y a un mois, mais
« qu'aujourd'hui l'essentiel était de garder
« sur ces derniers événements un silence utile
« à ses desseins; que d'Aché n'est pas le seul
« homme sur l'existence duquel il ait des ren-
« seignements..... »

----

(1) Extrait donné par M. Le Sénécal dans sa brochure.

Et il ajoutait, en terminant cette lettre, datée du 25 septembre :

« Son Excellence, qui a reçu du grand juge
« une lettre écrite à ce dernier par le procu-
« reur général du Calvados, lettre pleine de
« sagesse et de discrétion, son Excellence va
« écrire au grand juge et demander à la jus-
« tice la même discrétion et la suppression
« des poursuites, qui sont sans but aujour-
« d'hui que d'Aché est bien reconnu, et qui
« pourraient nuire. »

Comme il savait le préfet Caffarelli trop courageux pour se laisser intimider et trop honnête pour vendre son silence, M. Réal, avec une véritable habileté de policier, imagina de lui représenter comme un devoir la nécessité de se taire et d'interrompre ses poursuites. L'affaire d'Aché avait mis sur les traces d'un vaste complot. Dans l'intérêt de la sûreté de l'Etat, il fallait savoir attendre, montrer de la prudence ; l'heure de la justice viendrait plus tard.

Incapables de mentir, les honnêtes gens croient tout d'abord à la bonne foi chez les autres. Ayant pleine confiance d'ailleurs en la parole d'un haut fonctionnaire, le préfet Caffarelli consentit à attendre cette heure de réparation qu'on lui promettait, tardive il est vrai, mais sûre. Quelle ne fut pas sa surprise, ou pour mieux dire son indignation, lorsqu'il lut, dans le *Journal du département du*

Calvados, un entrefilet ou l'on représentait
la mort du baron d'Aché comme le résultat
d'une agression, dont le proscrit aurait été
l'auteur.

« Dans la nuit du 9 au 10 septembre, disait
« le journal dans son numéro du 5 octobre,
« sur les deux heures du matin, une patrouille,
« composée de cinq gendarmes, commandés
« par le sous-lieutenant Foison, faisant sa
« ronde sur le bord de la mer, entre Luc et
« La Délivrande, à trois lieues au nord de'
« Caen, rencontra deux cavaliers armés, qui
« se portaient vers le rivage.

« Sommés de dire qui ils étoient et d'exhi-
« ber leurs papiers, ils répondirent par une
« décharge de pistolets. Le cheval du sous-
« lieutenant fut tué. Le combat s'engagea,
« l'obscurité étoit profonde, un des deux indi-
« vidus parvint à s'échapper ; l'autre, arrêté
« par le gendarme Poulain, le saisit par les
« cheveux et le terrassa. Le gendarme eût été
« infailliblement poignardé, si ses camarades
« ne fussent arrivés à son secours. L'inconnu,
« continuant à se défendre, fut frappé à la
« tête d'un coup de crosse de fusil qui le
« laissa sans vie.

« Il étoit armé d'une carabine anglaise, de
« deux pistolets d'arçon anglais. Les papiers
« dont il étoit porteur, les renseignements
« qu'ils contenoient sur l'état de la côte, sur
« la situation politique et militaire de l'inté-
« rieur, ne permettent point de douter que

« l'inconnu ne fût un espion de l'Angleterre.
« Des lettres trouvées sur lui, les marques
« de son linge et son signalement, désignoient
« un brigand recherché depuis longtemps par
« les ordres du ministre de la police.

« D'après un procès-verbal dressé sur les
« lieux, il a été reconnu par plusieurs habi-
« tants de Rouen, et notamment par celui
« chez lequel il avoit logé, pour être *Robert-*
« *François d'Aché*, ancien officier de marine,
« et chef de bandes de chouans ; il avoit été
« récemment condamné à mort par un juge-
« ment de la cour spéciale de Rouen comme
« étant l'un des chefs du vol de la diligence
« d'Alençon. »

Ainsi, de par l'autorité d'un article offi-
cieux (1), publié sous les auspices de l'administration supérieure, dans le drame qui
s'était passé la nuit auprès du bourg de La
Délivrande, il n'y avait eu ni assassinat, ni
meurtre, mais simplement mort d'homme
occasionnée par la résistance légale des gendarmes. Ceux-ci, attaqués à l'improviste dans
l'exercice de leurs fonctions, n'avaient fait
que se servir du droit de légitime défense.

____

(1) Pour se faire une idée de ce qu'était la presse
sous le premier Empire, il suffit de lire l'un des
considérants du décret du 18 février 1811, qui confis-
qua purement et simplement la propriété du *Journal
des Débats* : « Considérant d'ailleurs que non-seulement la censure, mais même tous moyens d'influence
sur la rédaction d'un journal ne doivent appartenir
qu'à des hommes sûrs, connus par leur attachement
à notre personne et par leur éloignement de toute
correspondance et influence étrangère... »

L'opinion, égarée trop longtemps par de faux bruits, devait se rassurer. Il n'y avait pas eu de crime ; il n'y avait donc pas d'assassins à poursuivre. Les gendarmes, ayant fait leur devoir, ne méritaient que des éloges. Quant à la victime, ce n'était qu'un vulgaire brigand, indigne de toute compassion.

Ce récit mensonger, mis en circulation par l'autorité, fut reproduit fidèlement le même jour, dans plusieurs journaux du département, entre autres dans le *Mémorial de la ville de Bayeux*. Devant cette publication uniforme et obligatoire, le préfet Caffarelli ne pouvait plus douter des intentions du pouvoir. Malgré les promesses qu'on lui avait faites, il était clair maintenant que le Gouvernement refuserait de donner suite à l'affaire. Ce fut un instant cruel dans la vie de ce fonctionnaire loyal, dévoué sincèrement à la personne de l'Empereur. S'il conserva quelque illusion sur le chef de l'Etat, il ne cacha pas les sentiments que lui inspirait la politique odieuse des ministres.

« Au temps où nous vivons, s'écria-t-il (1), un fonctionnaire doit avoir sa démission écrite sur son bureau ! »

Il envoya, en effet, sa démission ; mais, dans la crainte d'un scandale, on refusa de l'accepter. Il eût été imprudent de se débarrasser sitôt d'un serviteur importun. On se

____

(1) Note de M. Marie.

contenta de le déplacer et de le nommer, par
décret du 12 février 1810, à la préfecture de
l'Aube. La vengeance de Napoléon sut attendre l'occasion favorable pour frapper, avec
quelque apparence de justice, le fonctionnaire
auquel on n'avait osé reprocher publiquement
sa noble résistance.

« Considérant, dit un décret signé du quartier impérial de Troyes le 21 février 1814,
que le préfet du département de l'Aube a
quitté le territoire de son département, et
notamment l'arrondissement de Nogent, lorsque nos troupes l'occupaient encore ; que,
depuis, il ne s'est pas mis en mesure de venir
reprendre ses fonctions au moment de l'éva-
cuation du chef-lieu de son département par
l'ennemi ; nous avons décrété ce qui suit :
Art. 1er. Le baron Caffarelli, préfet du département de l'Aube, est destitué. »

On a prétendu à ce sujet, pour justifier la
sévérité de l'Empereur, que Caffarelli déploya
peu de zèle pour seconder le gouvernement
impérial qui penchait vers sa chute. Si cet
honnête homme montra quelque froideur pour
un régime, qu'il savait capable de commander
à ses gendarmes l'assassinat d'un adversaire,
il resta du moins, pour ses administrés de
l'Aube, le fonctionnaire dévoué et humain qu'il
avait été pour le département du Calvados.
Et la preuve, c'est que, sous la Restauration,
une députation du département de l'Aube vint
demander au roi son ancien préfet. Le vœu

de ces braves gens ne fut pas exaucé ; mais
leur échec est peut-être le plus bel éloge que
l'on puisse faire du caractère de M. Caffarelli.
Ce fonctionnaire, que l'on voudrait représenter comme prêt à trahir l'empire à son déclin,
ne sollicita jamais les faveurs du pouvoir
nouveau. Il passa ses dernières années dans
la retraite, après avoir repris l'habit et les
pratiques de son premier état. Le cœur attristé
par ce qu'il avait vu, désillusionné, mais fidèle
à ses anciennes convictions, il n'accepta d'autres fonctions que celles qui lui furent accor-
dées spontanément par l'estime des électeurs
du département, où il acheva sa vie laborieuse
et méritante.

IV

On peut suspendre l'action de la justice, on
peut commander le silence aux journaux ou
leur imposer la publication d'un récit mensonger ; mais, quelle que soit la force d'un
gouvernement absolu, il ne réussira jamais à
empêcher les arrêts de l'opinion publique. Ce
tribunal échappe à l'arbitraire, parce qu'il a
mille moyens d'atteindre les coupables, à
travers les précautions prises par la police
pour les protéger.

Dès le lendemain du meurtre du baron
d'Aché, le lieutenant de gendarmerie Foison
s'était vu l'objet des soupçons les plus graves.
Douze jours après, lors de l'exhumation du
cadavre, l'indignation publique s'appuyait sur
des témoignages assez sûrs et assez nombreux
pour attribuer sans hésitation à Foison la
participation la plus active au crime du 9
septembre. Elle lui appliqua donc, à sa manière, une peine infamante en le faisant
exclure du repas que le maire donna, ce jour-
là, aux représentants de l'autorité, qui étaient
venus vérifier l'identité de la victime.

Le pouvoir se roidit contre ce premier
arrêt de l'opinion, et, comme pour la braver,
nomma le lieutenant de gendarmerie chevalier de la Légion d'honneur. Une chanson qui
courut alors, et où le nom de Foison donnait
lieu à un assez mauvais jeu de mots, fut la
réponse de la conscience publique outragée.
Le lieutenant de gendarmerie, qui était brave
et mettait aisément l'épée au vent, voulut
payer d'audace et ne craignit pas d'affronter
au théâtre les regards de la foule. Mais, à
peine arrivé dans la salle, au milieu des
jeunes gens qu'il connaissait, il vit toutes les
mains se retirer quand il avança la sienne. Il
comprit, et demanda du service actif en Espagne, où il eut le bonheur d'être tué (1).

Mme de Vaubadon partageait avec le lieute-

____

(1) Note de M. Marie.

nant de gendarmerie la réprobation universelle. On savait, de source certaine, que la
veille du crime, dans la soirée, elle avait reçu
à Caen en audience particulière, très-mysté-
rieuse, le lieutenant de gendarmerie, qui
devait le lendemain servir de guide au baron
d'Aché (1). Personne ne doutait qu'elle n'eût
livré le proscrit et profité de ses anciennes
relations avec lui pour assurer le succès du
guet-apens, où le malheureux trouva la mort.
Comme son complice, elle essaya de tâter
l'opinion et vint hardiment, un soir, au théâtre de Caen. Au moment où elle s'asseyait,
après avoir étalé son châle de mérinos rouge
sur le devant de la loge, le parterre indigné
se leva en criant : « A bas le châle rouge ! à
bas le sang ! » Il lui fallut sortir. C'était une
exécution prononcée sans appel par la conscience publique.

On le voit : à défaut de poursuites judiciaires, les contemporains essayèrent de flétrir
ceux dont la participation au meurtre du
baron d'Aché ne paraissait pas douteuse. Mais
cette justice sommaire n'atteignit que les
auteurs directs du crime. Ceux qui l'avaient
voulu, inspiré, payé, les vrais coupables, en
un mot, étaient trop haut placés pour que
l'éclaboussure du sang versé rejaillît sur leur
renommée. Les contemporains, dans leur
œuvre de justiciers, ne pouvaient rien faire

(1) Brochure de M. Le Sénécal, page 9.

de plus : c'est à l'histoire de rechercher les
responsabilités, qui doivent comparaître à sa
barre.

De la correspondance qui fut échangée
entre le préfet Caffarelli et le comte Réal, il
résulte que celui-ci, dans tout ce qui concerne
l'affaire d'Aché, ne fit rien sans consulter
Fouché, ministre de la police et, en même
temps, de l'intérieur. Simple conseiller d'Etat,
chargé, sous la direction du duc d'Otrante, de
la police de Paris et des départements du Nord,
il ne fut qu'un intermédiaire entre son chef et
les agents inférieurs. On ne saurait donc, sans
injustice, faire peser sur sa mémoire le poids
du forfait. L'inspiration meurtrière partit de
plus haut ; et, tout d'abord, les soupçons
semblent devoir se porter, avec une précision
incontestable, sur le duc d'Otrante.

En l'absence de documents certains, puisque
toutes les pièces du procès ont été détruites
par des inconnus, qui espéraient sans doute
anéantir jusqu'au souvenir d'un assassinat
politique, il ne nous reste plus, comme dans
toute affaire criminelle, qu'à rechercher quelle
fut la personne la plus directement intéressée
à la mort du baron d'Aché. Est-ce le ministre
de la police, qui, par précaution, ou par
esprit de vengeance, aurait conçu et exécuté
le projet de supprimer, dans un guet-apens,
l'agent royaliste qui avait eu l'audace de lui
proposer de trahir Napoléon au profit des

Bourbons ? En ce cas, Fouché, l'homme habile par excellence, aurait été bien maladroit de se mettre sur les bras une grosse affaire, un assassinat commandé à des gendarmes, lorsqu'il lui eût été si facile de se débarrasser de l'homme qui l'avait offensé, ou compromis, en le livrant tout simplement à la justice.

Le baron d'Aché, ancien complice de Georges Cadoudal, tout récemment accusé dans l'affaire de l'enlèvement des fonds publics de la diligence d'Alençon, n'avait-il pas à son dossier plus de charges qu'il n'en fallait à une commission militaire pour envoyer un émigré à l'échafaud ou devant un peloton d'exécution ? Etait-il dans les habitudes de Fouché de prendre tant de précautions pour sacrifier un ennemi du Gouvernement à ce qu'on appelait la raison d'Etat ? L'exemple tout récent du jeune et malheureux Vitel, livré à la police par une suite incroyable de perfidies et fusillé publiquement à Paris en 1807, ne prouve-t-il pas avec évidence que Fouché ne répugnait pas à employer au grand jour les moyens sommaires, dès qu'il avait, pour justifier une répression, la moindre apparence de légalité ?

Il faut donc chercher ailleurs, et plus haut, la pensée qui regarda comme une nécessité politique la suppression d'un ennemi, qu'il importait de faire disparaitre sans bruit.

« Le gouvernement, dit la duchesse d'Abrantés dans ses *Mémoires* (1), connaissait les principaux chefs du parti royaliste, et particulièrement le vicomte d'Aché. On en parla à l'Empereur, dont l'attention était particulièrement dirigée sur le Calvados, la Seine-Inférieure et le département de l'Eure ; il n'en parlait pas, mais il s'en occupait avec une extrême sollicitude. Les détails qui lui furent donnés sur le vicomte d'Aché le frappèrent.

« Il faut acquérir cet homme, dit-il, il est visible que le comité de Londres, dégoûté de la mauvaise réussite de ses plans, veut en ce moment abandonner la partie, et qu'il délaissera ses agents, comme il l'a déjà fait deux fois, même depuis Quiberon... Il faut profiter de l'effet que produira une telle conduite sur ce monsieur d'Aché... qu'on le prenne... à tout prix... Cet homme vaut à lui seul une armée... Je veux l'avoir... »

Cet écho du passé, conservé par une contemporaine qui avait entendu beaucoup parler de l'affaire d'Aché, nous apporte un renseignement précieux. Sans nous arrêter au propos de l'Empereur, qui peut avoir été arrangé ou déformé, il résulte de ce souvenir que Fouché avait dû recevoir l'ordre de surveiller de près l'agent royaliste, moins pour s'en emparer, que pour saisir l'occasion de le tâter et de l'enrôler dans la contre-police impériale. Nous nous expliquons beaucoup mieux ainsi

____

(1) Tome XVI, page 112.

le voyage que le baron d'Aché fit à Paris. Si le proscrit n'avait pas eu, à l'avance, des garanties, sa démarche auprès de Fouché aurait été l'entreprise, non d'un audacieux, mais d'un fou. Après avoir reçu les instructions secrètes de l'Empereur, Fouché lui avait probablement fait quelques ouvertures, pour lui laisser croire qu'il n'était pas éloigné de travailler dans l'intérêt des Bourbons. Sur cette promesse, d'Aché serait allé à Paris. Mais, dans le cabinet du ministre, lorsque celui-ci dévoila ses véritables projets, lorsqu'il essaya de s'assurer le concours de l'émigré, d'Aché, fidèle à son drapeau, dut recevoir la proposition comme une insulte. On croyait acheter un aventurier, et l'on se trouvait en face d'un gentilhomme, qui souffletait le corrupteur d'un refus méprisant !

C'est ainsi que nous comprenons la scène qui se passa dans le cabinet du ministre de la police. Et la suite semble nous donner raison ; car Fouché, habitué à acheter des consciences, se trouva si décontenancé par l'attitude du proscrit, qu'il n'osa l'arrêter sur l'heure et lui accorda quelques jours de répit, pour se procurer le temps d'écrire à l'Empereur et de lui demander son avis.

« Napoléon, à qui il ne put se dispenser de faire connaître cette singulière entrevue, dit la *Biographie universelle* de Michaud, à l'article Fouché, donna à toutes ses polices des ordres rigoureux qui ne furent que trop bien exécutés. »

La trace de ces ordres rigoureux se trouvait sans doute dans cette correspondance secrète que Napoléon entretenait avec son ministre de la police. On sait, en effet, que d'efforts et de peines il fallut à l'Empereur pour arracher à Fouché, qu'il venait de disgracier en 1810, les pièces compromettantes, que le duc d'Otrante s'obstinait à garder, soit comme moyen de défense, soit comme moyen comminatoire pour forcer son ancien maître à le ménager.

Lorsqu'il fut rentré en possession de ces papiers, en échange desquels il dut délivrer à Fouché un titre d'irresponsabilité que celui-ci exigeait comme nécessaire à sa sécurité, on devine aisément quel auto-da-fé en fit l'Empereur.

A la suite de cette exécution, il ne resta donc pour la postérité que cette énorme correspondance, publiée avec grand tapage par Napoléon III, comme un monument élevé par le neveu à la gloire de l'oncle. C'est pourtant dans cette publication officielle que l'on découvre, en examinant les procédés généraux du gouvernement impérial, quelle dut être la politique que suivit Napoléon dans l'affaire spéciale du baron d'Aché.

Les menées et l'arrestation de l'agent royaliste eurent lieu en septembre 1809, au moment où Napoléon, après avoir défait la cinquième

coalition, mettait son armée d'Allemagne en
état d'accabler les Autrichiens, si les conditions de la paix proposée ne lui convenaient
pas. On pourrait croire tout d'abord que, de
si loin et au milieu de tant de préoccupations,
l'Empereur n'eut ni le temps, ni la pensée
d'accorder quelque attention à une affaire de
si peu d'importance. Mais toute la correspondance officielle nous apprend, au contraire,
que Napoléon, pendant ses longues absences,
prétendait avoir l'œil sur tout et sur tous.
C'est de Benavente, pendant la campagne
d'Espagne, qu'il écrit à Fouché, le 4 janvier
1809, cette verte remontrance à propos d'un
fait bien minime : « Je vois, par un de vos
bulletins, que vous avez prévenu le duc d'A-
brantès que M. Novion avait été mis en liberté.
De quel droit vous êtes-vous permis cela ? M.
Novion est émigré ; il ne peut être rayé que
par mon ordre. Croyez-vous que je suis tombé
en quenouille ?... Je ne sais, mais il me semble que vous connaissez bien peu mon caractère et mes principes ! »

Le même principe, puisque Napoléon appelait cela des principes, est affirmé non moins
péremptoirement dans une lettre à Savary.
« Tous les citoyens français, lui écrit-il le
20 novembre 1811, ont le droit de réclamer à
moi contre qui que ce soit ; et aucun ne doit
être arrêté, lorsque c'est par l'ordre du ministère, qu'après qu'il m'en a été rendu compte
et que j'ai donné mon approbation ! »

Qui pourrait supposer qu'avec un tel maître un homme, aussi souple que Fouché, se fût permis non-seulement d'arrêter, mais de faire *disparaître*, par les procédés que nous connaissons, un conspirateur que Napoléon avait eu un instant l'espoir d'attacher à sa fortune ? Le duc d'Otrante se savait d'ailleurs si bien surveillé qu'il n'aurait jamais osé, même pour venger une injure personnelle, commettre un acte illégal sans l'approbation de l'Empereur. Celui-ci ne cessait, en effet, de lui rappeler qu'il ne le perdait jamais de vue, et qu'il connaissait mieux que lui ce qui se passait en France. « Je vois dans votre bulletin du 27 avril, écrit-il à Fouché du camp de Finkenstein le 7 mai 1807, que Mme de Staël était partie le 21 pour Genève ; je suis fâché que vous soyez si mal informé. Mme de Staël était, les 24, 25, 26, 27, 28, et probablement est encore à Paris. Elle a fait beaucoup de dîners avec des gens de lettres. Je ne crois pas qu'elle soit à Paris sans votre permission... En ne lui ôtant pas l'espoir de revenir... recommencer son clabaudage, c'est accroître les malheurs de cette femme et l'exposer à des scènes désagréables ; car je la ferai mettre à l'ordre de la gendarmerie, et alors je serai sûr qu'elle ne reviendra pas impunément à Paris. »

Si Fouché recevait de si vertes leçons à l'égard d'une femme de lettres, dont on ne craignait que le *clabaudage*, quelle disgrâce

ne se fût-il pas attirée en négligeant de tenir
son maitre au courant des agissements d'un
conspirateur tel que le baron d'Aché! Napoléon devait donc connaitre, tant par sa contre-
police que par les révélations de Fouché, tout
ce qui était relatif aux tentatives des royalistes dans le département du Calvados. Nous
n'en sommes même plus aux suppositions sur
ce point; car nous trouvons, dans un passage
des mémoires du duc de Rovigo, la preuve
certaine que l'empereur savait par le menu
les moindres incidents du vol de la diligence
d'Alençon, affaire dans laquelle le baron d'Aché
avait été si gravement compromis.

« L'Empereur rentrait un jour d'une course
à cheval, écrit Savary dans ses mémoires (1);
il trouva, dans la cour du château, une dame
d'un extérieur respectable, accompagnée de
deux petits enfants; tous trois étaient en
noir. L'Empereur crut un instant que c'était
la veuve de quelque officier tué à la bataille.
Il s'approcha d'eux avec intérêt. Sa conte-
nance changea quand il apprit qu'elle amenait
ces enfants de Caen en Normandie pour solli-
citer de l'Empereur la grâce de leur mère...
Cette dame n'était munie d'aucune lettre de
recommandation: elle venait absolument sur-
prendre un mouvement de sensibilité à l'Empereur, qui lui demanda le nom de la personne
en faveur de laquelle elle intercédait. C'est

(1) Tome IV, page 239 et suiv.

alors qu'elle nomma Mme de D*** ; ce nom
rappelle à l'Empereur *toute l'affaire* et il
répondit à cette dame qu'il était fâché de ne
pouvoir la dédommager d'un aussi pénible
voyage que celui qu'elle venait de faire...,
qu'il ne croyait pas pouvoir user du droit de
faire grâce dans cette occasion... Il était fort
en colère contre le ministre de la police, qui,
après avoir fait un grand éclat de cette affaire
et s'en être fait un mérite, donnait ensuite
des passeports pour que l'on vint lui demander grâce... »

Ce passage des mémoires du duc de Rovigo
a pour nous l'importance d'un document : il
ne prouve pas seulement que Napoléon connaissait toute l'affaire à la suite de laquelle
la jeune Mme Acquet, fille de la marquise de
Combray, porta sa tête sur l'échafaud ; il
nous montre encore l'Empereur profondément
irrité de tout le bruit qu'avait fait le procès
de la diligence d'Alençon, et bien décidé, si le
baron d'Aché et les autres accusés par contumace tombaient en son pouvoir, à s'en débarrasser par un moyen sommaire et silencieux.

Le silence, en effet, était devenu la règle
de conduite de l'Empereur dans toutes les
affaires où l'on attentait soit à sa personne
soit à la sécurité de l'empire. A la veille de se
faire couronner, au moment où « déjà Napoléon perçait sous Bonaparte », le Premier
Consul avait accepté hautement, avec une

sorte de fierté emportée, la responsabilité du jugement et de l'exécution du duc d'Enghien.

« Lui et les siens, a-t-il écrit à ce sujet, n'avaient d'autre but journalier que de m'ôter la vie ; j'étais assailli de toutes parts et à chaque instant : c'étaient des fusils à vent, des machines infernales, des complots, des embûches de toute espèce ; je m'en lassai : je saisis l'occasion de leur renvoyer la terreur jusque dans Londres... »

Bonaparte, menacé par les assassins aux gages des Bourbons, s'était attribué le droit de prévenir les coups de poignard d'un nouveau Georges par les coups de fusil des fossés de Vincennes. Ce n'était pas seulement un acte de représailles, c'était une mesure d'intimidation destinée à semer la terreur dans les rangs de ses ennemis, et à rassurer la nation qui l'avait mis à sa tête.

Mais, à la fin de 1809, après cinq ans de règne, l'empereur ne pouvait plus recourir publiquement aux moyens révolutionnaires que la France, affamée de repos, avait peut-être, malgré l'horreur du forfait, pardonnés au Premier Consul. Celui-ci, selon les dithyrambes des poètes de la couronne, n'avait-il pas ramené l'ordre, rétabli la religion et protégé la famille ? Condamner, exécuter des ennemis politiques, n'était-ce pas avouer que l'empire avait menti à ses promesses et cachait des plaies secrètes ? Un gouvernement démocratique, qui s'inspire en tout des grands

principes de liberté, a l'autorité qu'il faut
pour montrer au grand jour, sans honte et
sans peur, ses émeutes, ses crises, ses troubles
passagers, petites misères de la vie que les
sociétés subissent comme les particuliers.
Mais un despote, pour se tenir debout, a
besoin d'en imposer par une grandeur factice.
S'il avouait une faiblesse, il préparerait sa
chute de ses propres mains. A tout prix, il
fallait donc que la France impériale, toute
glorieuse au dehors, eût au moins au dedans
l'apparence d'être calme.

Napoléon sentait si bien cette nécessité
que, dans toutes les circonstances critiques,
il commençait par commander un silence
absolu à ceux de ses agents qui pouvaient
avoir le plus d'influence sur l'opinion publique.

Le 12 octobre 1809, au moment même où
un jeune fanatique allemand, Staaps, venait
d'essayer de le poignarder à une parade, il
s'empressa d'écrire, de Schœnbrunn, au ministre de la police, pour lui ordonner d'amor-
tir en France l'écho de cette fâcheuse affaire.
« J'ai voulu vous informer de cet événement,
lui dit-il, afin qu'on ne le fasse pas plus consi-
dérable qu'il ne paraît l'être. J'espère qu'il ne
pénétrera pas. S'il en était question, il faudrait faire passer cet individu pour fou. Gar-
dez cela pour vous secrètement, si l'on n'en
parle pas... »

Et il ajoute en *post-scriptum* cet ordre

formel : « Je vous répète de nouveau, et vous comprendrez bien qu'il faut qu'il ne soit aucunement question de ce fait. »

Si Napoléon se croyait assez puissant pour arrêter à la frontière les mauvaises nouvelles, on imagine aisément à quelles violences il devait recourir lorsqu'il avait en son pouvoir les moyens d'empêcher les événements de se produire. Telle fut la pensée qui conduisit le baron d'Aché à la mort. Juger, condamner, exécuter un coupable, cela fait du bruit ; le supprimer vaut mieux.

Il est vrai que ce drame eut un épilogue imprévu dans la résistance de l'honnête homme qui prit courageusement la défense du droit outragé. Grâce à l'attitude énergique du préfet Caffarelli, un jet de lumière faillit éclairer les coulisses, où la politique d'expédients ourdissait ses intrigues meurtrières. C'en fut assez pour alarmer celui qui imprimait le mouvement aux sinistres pantins du ministère de la police. Napoléon voulut être désormais à l'abri de pareilles surprises et commanda au Conseil d'Etat un projet de loi qui lui permit de se débarrasser légalement des ennemis de l'empire. A partir du décret, publié le 5 mars 1810, dans le *Moniteur*, il y eut huit prisons d'Etat, où les gens dangereux ne devaient être renfermés qu'en vertu d'une « décision du Conseil privé, rendue sur le rapport du grand juge ou du ministre de la police. »

Après la manière de supprimer les conspirateurs, dont le baron d'Aché avait été victime, la création de ces oubliettes pouvait passer pour un progrès.

UN POÈTE BAS-NORMAND INÉDIT

Bernardin ANQUETIL

(dit l'Abbé ANQUETIL)

1755-1826

UN

POÈTE BAS-NORMAND INÉDIT

Bernardin ANQUETIL

(dit l'Abbé Anquetil)

1755-1826

I

Dans son livre, intitulé : *Ma Biographie* (1), notre célèbre chansonnier Béranger écrit : « Il me suffisait de donner ou de laisser prendre copie de mes nouveaux couplets pour les voir, en peu de jours, courir toute la France, passer la frontière et porter même des consolations à nos malheureux proscrits, qui erraient alors sur tout le globe. Je suis peut-être, dans les temps modernes, le seul auteur qui, pour obtenir une réputation populaire, eût pu se passer de l'imprimerie. »

Béranger se trompe. De son temps, à quelque soixante lieues de Paris, un de ses contempo-

___

(1) Troisième édition publiée par Perrotin en 1859, page 147.

rains jouissait, dans son petit coin perdu de province, du même privilège. Le talent était bien inférieur sans doute et beaucoup plus étroit aussi le cercle de l'auditoire. Mais le même phénomène de popularité ne s'en produisait pas moins, avec une intensité d'autant plus vive que le nom de l'auteur était sans cesse répété par des échos plus rapprochés.

C'était en effet dans une circonscription très restreinte que s'exerçait la verve du poète. Son empire n'était guère plus grand qu'un de nos arrondissements modernes, en un mot une petite subdivision de nos anciennes provinces, une circonférence minuscule sur la carte de Normandie : *le Bessin.*

C'est là que notre artiste en rimes, comme les trouvères, jongleurs ou ménestrels, promenait sa muse vagabonde dans les châteaux, manoirs, maisons bourgeoises, ou simples chaumières de paysans. Car il chantait gratuitement pour tout le monde, plus généreux que ses moyen-âgistes prédécesseurs qui ne disaient les hauts faits des barons, ou des châtelains, que pour en obtenir de magnifiques récompenses. Plus démocrate, notre homme, après s'être assis à la table des nobles du pays, ne dédaignait pas d'accepter le frugal repas du cultivateur bas-normand. Du même geste large, sans compter, dans chaque foyer, riche ou pauvre, il laissait tomber sa manne de chansons, madrigaux, épitaphes ou épithalames. Et, de tous ces vers, aucun ne fut jamais imprimé. La tradition orale, ou les copies manuscrites, multipliées à l'infini, se chargeaient de les conserver.

La plupart des chansons de Béranger, même les plus célèbres : *Le Roi d'Yvetot, le Sénateur, les Gueux,* coururent ainsi, manuscrites, de main en main. Toutefois leur succès ne tarda pas à s'affirmer et à se propager par la publication en volume. Jamais au contraire les œuvres de notre poète bas-normand, que ses contemporains savaient par cœur, ne trouvèrent d'éditeur.

Voilà un fait qui nous paraîtra bien étrange à nous qui vivons à une époque de publicité à outrance. Aujourd'hui le mal d'écrire, qui sévissait jadis dans certains rangs seulement, s'est attaqué à toutes les classes de la société. Il n'est pas actuellement d'ancien notaire qui ne publie son volume ou sa brochure. Et nul ne se contente de confier ses élucubrations à des feuillets manuscrits. Il faut que le public soit mis dans la confidence, que la presse gémisse autant que le lecteur. La science elle-même se fera la complice de ces ambitions littéraires et aggravera bientôt ces cas d'épidémie. Au dix-huitième siècle on a vu un écrivain, Restif de la Bretonne, composer lui-même ses livres avec le composteur. Maintenant qu'on a imaginé d'ingénieux appareils pour imprimer la correspondance, peut-être appliquera-t-on un système analogue à la confection des ouvrages? Tout le monde aurait dans son cabinet de travail sa machine à écrire. Et nous serions alors inondés de romans et de poésies à la mécanique.

En attendant la réalisation de ce nouveau progrès, qui supprimera la copie manuscrite et nous donnera plus d'auteurs que de lecteurs, il ne sera pas sans intérêt de jeter un coup d'œil rétrospectif sur un poète, qui eut d'heureuses trouvailles, et sut se créer un public nombreux sans être obligé de se faire imprimer.

Né le 18 février 1755 à Mandeville, gros village situé à trois lieues de Bayeux, Bernardin Anquetil appartenait à une famille estimée, qui dut avoir des relations avec plusieurs nobles du pays. Car son père, Richard, avait eu pour témoin à son mariage, en 1737, Philippe de Montfiquet, escuyer, seigneur de Chaumont. Lui-même, comme le prouve son acte de naissance (1), avait eu pour parrain un sieur de la Jumelière, chevalier de l'ordre

(1) Voici la copie de l'acte de naissance du poète :
« Le dix-neuvième jour de février mil sept cent cin-
« quante cinq, a été par nous, curé soussigné, bap-
« tisé un fils né d'hier du légitime mariage de
« Richard Anquetil et de Renée Levesque, lequel a
« été nommé Bernardin par Bernardin Eudes Dacier,
« sieur de la Jumelière, chevalier de l'ordre Royal
« militaire de St-Louis, ancien capitaine du Régi-
« ment Royal d'artillerie, assisté de dame Marie-
« Anne Lepersonnier, épouse du sieur de la Jume-
« lière, de la paroisse de Trévières.
« Signé : de la Jumelière ; Marianne Lepersonnier.
« Hébert, curé de Mandeville. »

royal et militaire de Saint-Louis, ancien capitaine du Régiment Royal d'artillerie.

Le père du poète, Richard Anquetil, avait eu trois enfants de son premier mariage et sept du second. Bernardin était le sixième de cette deuxième lignée, et nous pouvons constater que plusieurs de ses frères figurèrent sur la liste des citoyens notables de Mandeville, éligibles à la municipalité, dressée le 18 juillet 1791. L'un d'eux, Louis, devint le quatrième maire de cette commune le 12 ventôse an II (2 mars 1791). Il joua un rôle important pendant les jours difficiles de la Révolution et de la Terreur.

Un autre frère, l'aîné, Jean, suivit la carrière ecclésiastique et fut chantre à la Cathédrale de Bayeux (1).

Subissant peut-être l'influence de ce frère aîné, Bernardin résolut tout d'abord de se destiner aussi à l'église. Après avoir fait ses premières études de latin à Mandeville sous la direction du curé, l'abbé Nicolas François Hébert, il entra au collège de Bayeux, puis

(1) Pendant qu'il était curé de Mandeville, M. l'abbé Marguerie, aujourd'hui curé de Villers-sur-Mer, a eu l'excellente idée de recueillir, de la bouche de certains vieillards ayant connu les contemporains de l'abbé Anquetil, des témoignages qui constituent une véritable enquête sur les faits et gestes du poète inédit. Avec une extrême obligeance, M. l'abbé Marguerie a bien voulu me communiquer son recueil, qui est devenu pour mon étude la source la plus abondante d'informations. Pour abréger mes annotations, je désignerai cette partie de mes documents par le mot *enquête*, suivi quelquefois du nom du témoin interrogé sur un point particulier.

au grand séminaire de cette ville, tenu, depuis Monseigneur de Nesmont, par des Lazaristes. Il y prit successivement la tonsure et les ordres mineurs, mais n'entra jamais dans les ordres sacrés. Car il quitta brusquement le séminaire et renonça pour toujours à l'idée de se faire prêtre. Que s'était-il passé ? Y eut-il chez lui, au moment de prononcer des vœux irrévocables, un de ces drames mystérieux de conscience, inspirés par le doute ? Cela est peu probable, puisque Bernardin Anquetil, tout en tournant le dos à sa première vocation, resta toute sa vie croyant sincère et scrupuleux pratiquant.

Un de ses contemporains nous a laissé, de sa sortie du séminaire, une explication bien étrange (1).

« M. Leyvert, maire de Saon, substitut du « juge de paix de Trévières, était persuadé « que l'on enseignait au séminaire de Bayeux « la magie et les sciences occultes. L'abbé « Anquetil en aurait été renvoyé par ce que « l'on craignait qu'avec son naturel méchant « il n'abusât de ces sciences si dangereuses. « Mais, quand il quitta la soutane..., il en « savait déjà trop ! »

Il paraît que cette idée bizarre était partagée, à cette époque, par beaucoup d'autres compatriotes du maire de Saon. Tous auraient été convaincus que l'étude de la magie formait

(1) *Enquête.*

partie du cours de théologie professé au séminaire de Bayeux. Cela nous semble peu sérieux. Mais ce que nous devons retenir, du témoignage de ce contemporain, c'est le jugement qu'il porte sur le caractère de Bernardin Anquetil. Car, sur ce point, son appréciation concorde avec une autre, également recueillie à la même date. « A cause de ses idées peut-« être trop avancées, aurait déclaré ce nou-« veau témoin, et surtout à cause de son « caractère trop égrillard, il dut quitter le « séminaire. »

Enfin, au dire d'un certain père Barbey, qui avait connu l'abbé Anquetil, celui-ci « aurait été renvoyé du séminaire par ce que « ses maîtres avaient peur qu'en devenant « trop instruit il devint trop méchant. »

S'il fallait se fier à cette vieille preuve scholastique, fondée sur l'assentiment universel, nous devrions conclure de cet ensemble de témoignages que le jeune Bernardin Anquetil avait un caractère exécrable et qu'il annonçait une précocité inquiétante pour le mal. Mais l'estime, dont il fut entouré plus tard, nous démontre que ces premiers jugements, sur une partie peu connue de sa jeunesse, furent empreints d'une sévérité exagérée.

Méchant ! égrillard ! disent ces voix, écho d'un passé mal étudié. Sa méchanceté, pour rester dans le vrai, dut se borner à quelques révoltes d'écolier contre une discipline qui pesait à son amour de l'indépendance. Quant à sa nature égrillarde, il est bien possible qu'elle se soit donné carrière un peu trop tôt, surtout aux dépens de ses professeurs. Car il montra plus tard un goût très particulier pour le genre bachique, gaillard et grivois, qui fit la réputation des Collé et des Panard. Peut-être même eut-il le tort de chansonner quelques-uns de ses maîtres.

Dans tous les cas nous avons la preuve qu'il ne dissimula pas le peu de charme qu'il trouvait dans l'établissement des Lazaristes, où il étudiait la théologie. Sur les murs de la chambre, qu'il y habitait, la main pieuse de son prédécesseur avait inscrit les principales souffrances du Christ. Et Bernardin s'empressa d'écrire, au-dessous, ce quatrain où il confessait librement son aversion pour le séjour auquel il était condamné.

> Jésus, pour nous, jeûna quarante jours complets,
> Puis il mourut, hélas ! cloué sur le calvaire.
> S'il fallait tant souffrir pour laver nos forfaits,
> Ah ! que ne faisait-il un mois de séminaire !

Ne se sentant plus une vocation bien déterminée pour la carrière ecclésiastique, il eut le bon sens, nous dirons même le courage, de jeter le froc aux orties. Et cette décision lui fait grand honneur. Car, ayant très peu de ressources, il allait s'exposer à une vie de privations. On ne lui connaissait qu'un très médiocre revenu, provenant du fermage de

quelques sillons. Et, lorsqu'il revint à Mandeville, il dut y louer une petite maisonnette,
qui se trouvait dans une *cour* dite *la cour
le Barillier*. Près de là demeurait une bonne
femme, Françoise Tostain, surnommée la
Fanchonnette, qui lui faisait son ménage et,
au besoin, lui servait de cuisinière (1).

Cette dernière fonction ne fut, la plupart
du temps, qu'une sinécure, puisque l'ancien
séminariste ne prenait presque jamais ses
repas chez lui. Très gai, très spirituel, il était
fort recherché, et il devint bientôt le commensal des familles nobles du pays. Hôte des
gentilshommes, notre poète de terroir ne
refusait pas cependant de rimer aussi pour
les bourgeois et même pour les pauvres gens,
dont il était fort apprécié.

Après avoir écrit pour lui-même, et pour
ses connaissances de haut rang, des chansons,
des madrigaux, de petits poèmes, des satires,
il improvisait, à l'usage des plus humbles
clients, des pièces de circonstance pour baptêmes, mariages et décès, en un mot pour
toutes les cérémonies privées ou publiques.
Toutes les portes lui étaient ouvertes, et il
s'asseyait à toutes les tables, passant d'un
somptueux diner à un frugal repas. Avec
de si nombreuses invitations on comprend
qu'il laissât peu de besogne à la vieille *Fanchonnette*, sa cuisinière d'occasion.

____

(1) *Enquête.*

Depuis sa sortie du séminaire, Bernardin Anquetil ne portait plus la soutane, mais une redingote. Cependant, comme il avait fait ses études au collège des Lazaristes de Bayeux et reçu les ordres mineurs, on s'était habitué dans la contrée à le qualifier d'abbé. Et, comme il était très populaire, la maisonnette qu'il avait habitée garda, jusqu'à sa récente destruction, le nom de *maison de l'abbé Anquetil*.

Après son retour à Mandeville, en 1782, l'abbé Anquetil mena une vie régulière et laborieuse, étudiant les belles lettres et les sciences. Les nouvelles découvertes de Franklin et de Galvani l'avaient surtout passionné. Il se livra avec ardeur à des expériences de physique et, particulièrement, d'électricité. Il aurait même, dit-on, écrit le résultat de ses travaux, dont le manuscrit ne nous est pas malheureusement parvenu.

Ses poésies, dont beaucoup nous ont été conservées, n'auraient eu à ses yeux, suivant certains témoignages, que peu d'importance. Nous aurons l'occasion de voir qu'il se montra cependant animé de quelque jalousie à l'égard d'autres poètes du cru, qui cultivaient, comme lui, le genre badin ou anecdotique.

Quant à ses sentiments religieux, nous avons toute raison de croire qu'ils ne furent pas très vifs. Quelques-uns de ses contemporains attestent pourtant qu'il chantait les obits à la paroisse de Mandeville. D'autres,

au contraire, prétendent qu'il n'exerçait
aucune fonction à l'église. Il se contentait
d'assister régulièrement aux offices, le dimanche, dans son banc (1). Pendant les sermons
« il se tenait droit comme un i, les yeux fer-
« més, et immobile comme une statue ». Il
était en très-bons termes avec M. Delahaye,
alors desservant de Mandeville, et venait souvent dîner au presbytère.

Ce dernier trait est à retenir ; car il nous
conduit à penser que l'abbé Anquetil avait
surtout le culte de la table. Pour le reste, il
savait demeurer correct, mais sans chaleur.
Certaines de ses chansons, ou pièces satiriques, nous le montreront agressif et poussant
ses attaques jusqu'à l'injure contre certains
desservants de la Cathédrale de Bayeux,
même contre l'évêque.

Quant à la pureté de ses mœurs et à son
honorabilité, elles étaient universellement
reconnues. « Méchant, disait-on, mais honnête ». Cette expression de méchant rend mal
la pensée des illettrés, qui voulaient ainsi
qualifier la manière satirique du poète. Né
malin, comme dit Boileau, l'abbé Anquetil
mettait simplement au service de son esprit
observateur, et quelquefois de ses rancunes,
sa verve gauloise et caustique. Loin d'être
méchant, il sut montrer des sentiments affec-
tueux. Quelquefois même, comme dans l'af-

____

(1) *Enquête* : témoignage d'Amand Mouillard, ancien
sacristain de Mandeville.

faire des mineurs de Littry, son dévoûment put aller jusqu'à risquer sa vie pour défendre celle de ses amis.

Le reproche vraiment sérieux, qu'il mériterait, ce serait d'avoir un peu trop vécu en parasite. Rappelons-nous toutefois qu'il était pauvre et qu'il s'efforça toujours de grossir son maigre revenu en donnant des leçons comme précepteur, ou comme instituteur. Car nous savons qu'au commencement de la Révolution l'abbé Anquetil, pendant quelque temps, dut faire l'école aux enfants de la commune de Mandeville.

Précédemment, après sa sortie du séminaire, Bernardin Anquetil avait employé les loisirs de sa retraite à exercer les fonctions de précepteur dans la noble famille de Montfiquet, qui lui confia l'éducation de deux petites filles, alors âgées de dix à douze ans. Grâce à ses quotidiennes visites au château, où demeuraient ses élèves, il ne tarda pas à devenir l'ami, l'hôte et le commensal des parents. Il inspirait une telle confiance au chef de famille que celui-ci, au moment d'émigrer, fit promettre à l'érudit de veiller sur sa femme et sur les quatre filles qu'il laissait en Normandie. Pour ce qui concernait les enfants, la tâche était facile. Mais ce n'était pas une petite affaire que de protéger leur mère contre les violences de son caractère.

Cette femme impérieuse, dans un moment de folle colère, faillit en effet compromettre

sa propre existence et celle de ses enfants.
Et, sans l'intervention intelligente et courageuse de l'abbé Anquetil, qui la préserva de
la fureur populaire, elle eût été la première
victime de la tempête qu'elle avait soulevée.

L'événement vaut la peine d'être raconté (1).

Le 9 mai 1792, au matin, trois jeunes gens,
qui faisaient partie du nombreux personnel
de la mine de Littry, s'occupaient à creuser
un fossé sur le territoire de la commune de
Ruberey. Tout en béchant la terre, nos gail-
lards surveillaient probablement, du coin de
l'œil, ce qui se passait, ou plutôt, ce qui passait : gibier à plume ou à poil, dans la campagne environnante. Car, à un certain moment,
substituant le fusil à l'outil, ils abattirent
quelques pigeons, échappés d'un des colombiers que possédait la famille de Montfiquet
dans le village de Ruberey.

Les mœurs rurales n'ont guère varié et,
aujourd'hui encore, tel de nos paysans, qui
parait tout absorbé par le travail du labour,
saura tout à coup sortir d'une haie, où il le
tenait caché, le flingot avec lequel il tuera la
perdrix qui vole à sa portée. Mais, à cette
époque, aux débuts de la Révolution, Jacques
Bonhomme ne goûtait pas seulement, dans
ce braconnage improvisé, le plaisir du fruit

_____

(1) Pour plus de détails, voir la notice intitulée :
*Une Émeute originale des mineurs de Littry en
1792 d'après des documents complètement inédits,
par Gaston Lavalley*. — Caen, Louis Jouan, éditeur,
1904. In-8°.

défendu. Il s'y joignait pour lui la saveur d'une vengeance. Car il croyait prendre ainsi sa revanche du temps où il ne pouvait tirer le moindre lapereau sans risquer la prison et l'exposition au carcan. Il était heureux aussi de narguer le noble, son ancien persécuteur, qui jouissait seul des droits de chasse et de garenne. Comme lui, il avait le droit maintenant de se servir d'un fusil, et, comme lui, grâce au décret de l'Assemblée Nationale, il était libre de parcourir, l'arme au bras, la plaine giboyeuse.

Cette confiance dans la loi nouvelle devait porter malheur aux trois mineurs, transformés pour le moment en ouvriers ruraux. On les savait sans doute aperçus tirant sur les pigeon ; car, dans la même journée, trois hommes, armés de fusils, s'avancèrent de leur côté d'un air menaçant. Ils les avaient probablement reconnus. C'étaient deux domestiques et un journalier attachés au service de Monsieur et de Madame de Montfiquet, seigneurs et propriétaires dans les communes de Mandeville, de Saonnet et de Rubercy. Que se passat-il alors entre les délinquants et ces trois hommes, agissant comme gardes des terres appartenant à cette famille noble ? Les documents concernant l'affaire sont muets sur ce point ; mais, avec ce que le temps nous en a conservé, il est facile de reconstituer la scène.

Les gardes, tout d'abord, durent apostropher violemment les ouvriers, les menacer

peut-être de confisquer leurs armes. Et les
travailleurs, de leur côté, invoquèrent vrai-
semblablement, pour se justifier, les décrets
des 4 et 11 août, qui avaient aboli le droit
d'avoir des colombiers et ordonné d'enfermer
les pigeons à certaines époques, sans quoi
ceux-ci seraient regardés comme gibier. A
cela les gardes répondirent probablement que
les pigeons ne pouvaient être tués que par le
propriétaire du terrain sur lequel ils s'étaient
abattus. Au bout de cette discussion, des injures réciproques. Se targuant de leur caractère
de gardes, les gens des Montfiquet voulurent
peut-être procéder à l'arrestation des ouvriers·
Deux d'entre eux crurent prudent de prendre
la fuite et furent aussitôt poursuivis par deux
des domestiques.

Le mineur qui restait, un jeune homme de
22 ans, Jean-Baptiste Le Nourrichel, du village du Breuil (1), fut alors couché en joue
par le troisième garde. Le chien s'abattit sur
le bassinet, mais le coup ne partit point. Et
l'homme des Montfiquet s'éloigna en pestant
et maugréant.

L'ouvrier, pensant que l'arme n'était pas
chargée, s'imagina qu'on avait simplement
voulu l'effrayer. Rassuré, et peut-être inno-
cent d'ailleurs du meurtre des pigeons, il se
remit tranquillement au travail. Quelque

----

(1) Certificat du 29 mai 1792 des officiers municipaux du Breuil. Archives du Calvados. 1.ᵉ Police.

temps après, il vit revenir le même domestique et le laissa sans défiance s'approcher. Le garde le coucha une seconde fois en joue ; mais alors, le coup partit, et le pauvre garçon tomba foudroyé au fond du fossé qu'il creusait.

Voici qu'elle avait été la genèse de ce lâche assassinat.

La famille des Montfiquet était d'assez ancienne noblesse. L'un d'eux, écuyer, sieur de Blangy, Serisière, Celléon, etc., portait *d'argent au léopard de sable*, et fut maintenu en 1666. Le représentant de cette lignée, au début de la Révolution, était un certain Pierre-Antoine de Montfiquet, qui figure dans le procès-verbal de l'Assemblée de l'ordre de la noblesse tenue à Caen, en l'église Saint-Etienne, le 17 mars 1789. S'il faut en croire une pièce de vers du cru (1), ce Montfiquet se serait fait remarquer par sa bonté. Le même éloge n'aurait guère convenu à sa femme. Noble demoiselle Angélique Leneveu, fille de messire Philippe Leneveu, écuyer, sieur de Dungy, était en effet la vivante antithèse du

(1) Cette pièce de vers intitulée : *Bouquet à Pierre de Montfique* se trouve, à la bibliothèque de Bayeux, dans les copies manuscrites des poésies de l'abbé Anquetil. Comme presque toutes les pièces de circonstance du poète bas-normand, elle est fort médiocre. Elle commence ainsi :
 Vous, bon guerrier, vous, cœur fidèle
 Au ciel, à César, à l'honneur.
et se termine par ces vers :
 Ensemble recevez nos vœux,
 Que la bonté soit honorée,
 Sur la terre ou dans l'Empirée
 C'est la bonté qui fait les Dieux.

débonnaire gentilhomme. Hautaine, imbue
des préjugés de son temps sur les prérogatives
de la noblesse, elle était détestée des gens du
pays. Lorsque son mari eut émigré, sa haine
contre le mouvement révolutionnaire sembla
redoubler. On l'entendit plus d'une fois déclarer hautement qu'elle aurait voulu marcher
dans le sang jusqu'à la cheville. Ses représailles contre les personnes dont elle avait à
se plaindre allaient même jusqu'à la cruauté.
Avant 1789, il paraît qu'elle avait plus d'une
fois usé et abusé du droit de *glaive*, conféré
aux seigneurs haut justiciers, dont les juges
pouvaient prononcer toutes les peines corpo-
relles. On disait, à ce sujet, que, lorsqu'un de
ses serviteurs commettait un larcin, elle lui
faisait couper l'oreille.

On devine quelle dut être la fureur de cette
énergumène lorsque, des fenêtres de son
ancien château, appelé *Chaumont* et situé
entre Mandeville et Rubercy, elle aperçut
peut-être elle-même les mineurs tirant sur
ses pigeons ; car la scène se passait à peu de
distance de sa terre désignée sous le nom de
Montfiqueries. Pour son cerveau obtus, le
meurtre d'un de ces oiseaux était, comme au
moyen âge, un cas pendable. Elle s'irrita,
tempêta, jura de se venger et fit appeler un
de ses domestiques qui lui servait de garde.
Elle lui ordonna de s'adjoindre deux autres
valets pour aller avec eux, le fusil sous le
bras, punir les auteurs du crime. C'en était

un à ses yeux, puisque la mort des coupables ne lui paraissait pas dépasser les limites permises de la répression. Elle fixa même le prix du sang qu'on devait verser, en promettant cent écus à son exécuteur des hautes œuvres.

A cette scène inouïe assistait un témoin, l'abbé Anquetil. Comme il ne connaissait que trop le caractère emporté de la mère de ses élèves, le précepteur n'essaya pas de lui donner un conseil et de la calmer; c'eût été perdre son temps. Mais, en homme d'esprit, il imagina, par un adroit stratagème, le moyen d'empêcher matériellement un meurtre aussi odieux qu'absurde. Il s'empara donc du fusil, que le valet avait déposé dans un coin, et substitua dans la batterie, à la pierre à feu, un vulgaire caillou, qui devait rendre l'arme inoffensive.

Cette invention eût peut-être réussi. Malheureusement, à l'instant où le domestique avait ajusté le mineur et deux fois pressé inutilement sur la gâchette, le rustre, surpris de voir son arme rater une seconde fois, se rappela qu'il l'avait aperçue entre les mains de l'abbé Anquetil. Ce fut pour cette brute un trait de lumière. Comme l'abbé s'occupait beaucoup de physique, observait les astres, cultivait les sciences, voire, disait-on, les sciences occultes, il passait pour sorcier auprès du vulgaire qui professait pour lui une admiration à laquelle se mêlait une certaine dose de crainte superstitieuse. Imbu de cette

idée, le domestique ne douta plus que le précepteur des enfants de Montfiquet n'eût jeté
un sort sur son fusil.

Et c'est alors qu'il alla dans le voisinage
emprunter, sous un prétexte quelconque, le
fusil du père Tapin, un braconnier bien connu.
Il revint sur ses pas, ajusta l'ouvrier et tira
sur lui à bout portant. Soit rage de l'avoir
déjà manqué, soit crainte de subir encore
quelque influence occulte, cette brute s'acharna
sur sa victime et, suivant un rapport contemporain, lui « porta des coups de crosse assez
« violents et assez multipliés pour lui arra-
« cher une seconde fois la vie ».

Cet assassinat et les circonstances barbares
qui l'accompagnèrent furent, en peu d'ins-
tants, connus de tout le pays. Et ce fut, dans
les villages voisins, surtout aux mines de
Littry, une explosion de colère. Car la victime, tout à fait digne d'intérêt, appartenait à
la grande famille des mineurs. C'était un
jeune homme de vingt-deux ans, de bonne
conduite, fils unique d'un vieil ouvrier qui ne
pouvait plus descendre dans les fosses que
par intermittence, quand les douleurs lui
laissaient un peu de répit. L'instigatrice pré-
sumée du meurtre, celle que la voix publique
accusait, Madame de Montfiquet, était au
contraire exécrée.

La justice populaire, surtout au commencement de la Révolution, ne s'accommodait pas
des lenteurs de la procédure criminelle. Réso-

lus à venger leur camarade, les mineurs de Littry, le lendemain du meurtre, dès le point du jour, c'est-à-dire quelques heures seulement après sa perprétation, s'armèrent de fusils et d'instruments de travail, bêches et pioches, pour exercer leurs premières représailles au village de Ruberey, lieu ensanglanté par l'assassinat de leur ami.

Après avoir brûlé les immeubles que la famille de Montfiquet y possédait, la bande des émeutiers se dirigea vers Mandeville, dans l'espoir de s'emparer de la meurtrière.

Informé de l'arrivée prochaine des mineurs, l'abbé Anquetil conseilla à Madame de Montfiquet de fuir au plus vite et de se réfugier provisoirement à Trévières, commune peu éloignée de Mandeville. Quant à lui, il ferait face à l'ennemi, après avoir caché les petites filles, ses élèves.

C'était prudent. Car il ne fallait guère compter sur les autorités pour en obtenir aide et protection. Lorsque les mineurs entrèrent dans la cour de l'habitation de Madame de Montfiquet, les officiers municipaux et le procureur de la commune de Mandeville, intimidés et impuissants, se contentèrent de leur demander ce qu'ils venaient y faire. Et les mineurs de répondre (1) tranquillement « qu'ils viennent pour raser la maison du sieur de

____

(1) Registre des délibérations de la paroisse de Mandeville, à la date du 10 mai 1792 (Archives du Calvados).

Montfiquet et pour se venger de la mort de
leur frère, qui a été tué le jour d'hier par les
domestiques dudit de Montfiquet ».

Ceci dit, les ouvriers procèdent à l'enlèvement des meubles, qu'ils sortent de la maison
d'habitation et des communs, ou appartements,
servant à l'exploitation rurale. Et ce travail
s'accomplit avec méthode, même avec un soin
méticuleux, constaté officiellement par les
autorités, témoins de ce *beau désordre* qui
fut certainement, comme aurait ajouté Boileau, *un effet de l'art*, puisque les émeutiers
tenaient à ce que rien du mobilier ne fût
endommagé. Cela fait, ils apportèrent, avec
le même entrain discipliné, bois, paille et
fascines, tout ce qu'il fallait enfin pour mettre
le feu aux immeubles.

C'est à ce moment qu'on vit s'avancer le
fameux abbé Anquetil, accompagné de quelques notables de la commune. Quoique précepteur des petites filles de Montfiquet et
commensal de la maison, l'abbé était très
considéré dans le pays. Sa réputation de poète
et de savant l'entourait d'un grand prestige.
Et les mineurs, très superstitieux, le regar-
daient aussi comme sorcier. Ce fut donc avec
déférence qu'ils prêtèrent l'oreille aux conseils que prétendait leur donner le singulier
personnage.

Adroit, l'abbé Anquetil leur adressa des
représentations qui furent bien accueillies.
Car, sans blâmer ouvertement leur projet, il

s'efforça de lui imprimer une direction moins dangereuse, en les détournant de mettre le feu aux bâtiments qui appartenaient à Madame de Montfiquet. Il leur fit comprendre qu'en incendiant l'habitation de cette dame, ils s'exposaient à brûler les maisons voisines. Pour punir une personne qu'ils croyaient, certainement à tort, coupable, voudraient-ils donc courir le risque de ruiner des innocents ? Ce langage fut approuvé, et la bande, renonçant à se servir de la flamme pour détruire les immeubles, procéda à leur démolition à coups de pioches.

Le succès de l'orateur aurait donc été illusoire, s'il n'était certain qu'il avait eu pour but d'empêcher un moyen de destruction qui eût obligé les petites filles de Montfiquet à sortir de la cachette où elles s'étaient réfugiées. Grâce à l'insistance de l'abbé Anquetil, les démolisseurs durent épargner un certain coin des bâtiments où se trouvaient les enfants. Car nous savons par la tradition que, du four où elles s'étaient blotties, les petites filles entendirent les injures et les menaces proférées contre leur mère par les émeutiers (1). Une pièce officielle d'ailleurs vient à l'appui de cette hypothèse (2). Elle nous apprend que les délinquants, avant de raser la maison,

____

(1) *Enquête.*

(2) Registre des délibérations de la municipalité de la paroisse de Mandeville, le 10 mai 1792 (Archives du Calvados).

avaient déclaré aux officiers municipaux de
Mandeville qu'ils « laisseraient subsister un
appartement pour procurer la facilité de faire
en partie le dépôt des meubles ».

On ne peut être plus aimable, plus conci-
liant, et nous avons là un genre d'émeutier-
modèle qui a l'art de mettre un frein à sa
fureur. Toutefois ces ménagements n'empê-
chèrent pas les mineurs de se livrer avec
entrain à la destruction de la maison, qui
avait eu le tort d'abriter leur ennemie, Madame de Montfiquet.

Quant à celle-ci, grâce à la présence d'esprit et au dévouement de l'abbé Anquetil,
elle avait pu échapper à la vengeance des
mineurs. Cachée chez des amis à Trévières,
elle y attendit une occasion favorable pour
s'enfuir d'un pays où sa vie n'était plus en
sûreté. Avec ses enfants elle se réfugia à
Rouen, où elle vécut du travail de ses mains
pendant la période révolutionnaire, et ne
rentra dans ses propriétés qu'en 1809.

Elle n'avait dû son salut qu'à la popularité
de l'abbé Anquetil et, il faut bien l'avouer, à
l'intimidation superstitieuse que ce singulier
personnage exerçait sur l'esprit des foules.
Car, à Mandeville et dans les environs, on le
disait très-savant, *trop savant même* (1).
Dans certaines circonstances difficiles, où les
moyens ordinaires ne pouvaient réussir, on

____

(1) *Enquête*. Témoignage d'Amand Mouillard ancien
sacristain de Mandeville.

venait s'adresser au fameux abbé Anquetil,
que l'on croyait possesseur de secrets capables
de tirer les gens d'embarras.

En voici un exemple bien curieux, attesté
par un contemporain (1). Quelques années
après l'émeute des mineurs de Littry, au
temps de la chouannerie, un certain Jean
David, surnommé l'*Intrépide*, donnait beaucoup de mal à la maréchaussée du canton de
Trévières. On avait beau le poursuivre à travers champs nuit et jour, le redoutable chouan
échappait sans cesse à ceux qui le traquaient.
Persuadés que l'insaisissable malfaiteur avait
trouvé quelque secret asile à Mandeville, les
gendarmes ne cessaient de perquisitionner
dans cette commune. Cet état de choses devenait intolérable pour les habitants ; car leur
vie était continuellement troublée par des
perquisitions, dont le résultat négatif irritait
les agents. Furieux, croyant voir un complice
dans tout propriétaire de maison où échouaient
piteusement leurs recherches, les gendarmes
proféraient des menaces. La terreur régnait
partout. C'est alors que, désespérés, les habitants ne virent plus de salut que dans la
puissance occulte qu'ils attribuaient à l'abbé
Anquetil.

Ils envoyèrent donc une délégation au poète
populaire qui, daignant écouter favorablement
leurs doléances, s'engagea à faire cesser les

(1) *Enquête*. Témoignage de Pierre Onfroy, petit-
fils de Richard Anquetil.

visites désastreuses dont ils avaient à se
plaindre. En effet, quand les gendarmes se
représentèrent, il parait que l'abbé Anquetil,
par un artifice de lui seul connu, leur fit
reprendre immédiatement la route de Trévières. Et ils ne revinrent plus !

Rendons à notre poète-sorcier cette justice
qu'il n'a point divulgué à nos modernes malfaiteurs le singulier pouvoir, qui lui permet-
tait d'endormir si efficacement la surveillance
de la maréchaussée révolutionnaire. Il a emporté son secret avec lui dans la tombe. Fort
heureusement ; car il est certain qu'il en
avait fait lui-même un déplorable usage. Le
chouan, dont il avait sauvé la tête, était
renommé pour ses cruautés et ne méritait
guère cet excès d'indulgence. Il est vrai que
plus tard, après la Révolution, il s'adoucit et
devint garde-champêtre de Mandeville où il
mourut très-âgé.

Peut-être, après tout, l'abbé Anquetil, qui
avait étudié les cas de conscience au séminaire, se souvint il à son égard de cette douce
morale théologique qui veut la conversion et
non la mort du pécheur. Dans tous les cas, il
avait bien mal choisi l'homme qu'il fit profiter
de sa mansuétude évangélique. Car ce Jean
David, dit l'*Intrépide*, pour expier ses nombreux forfaits (1), aurait bien dû s'agenouiller

____

(1) Pierre Onfroy, dans sa déposition, ajoute que
le terrible chouan, devenu agent de la force publi-

devant le peloton d'exécution qui fusilla, à
Bayeux, ses deux frères, l'un surnommé
Waldeck, l'autre *La Terreur*.

Ce n'était pas d'ailleurs la première fois
que l'abbé Anquetil offrait ses bons offices à
des gens qui n'en étaient pas dignes, ou prê-
tait le concours de sa verve satirique à des
rancunes dont il n'eût pas dû se faire le
complice.

Ainsi, peu d'années avant la Révolution, il
eut le tort d'envenimer une querelle qui s'é-
leva entre la famille de Montfiquet et la famille
de Longueville, qui habitait le manoir de
Deux-Jumeaux à Longueville. Comme il était
accueilli également dans les deux maisons,
où il recevait une généreuse hospitalité, son
devoir eût été de garder une stricte neutralité.
Et, s'il eût jugé bon d'en sortir, les égards,
qu'il devait aux deux parties adverses, ne
lui auraient permis d'intervenir qu'à la condition d'essayer d'apaiser les esprits surex-
cités. Au contraire, lui qui avait une connais-

que, se plaisait à raconter aux enfants les atrocités
dont il s'était rendu coupable.

« Un jour, disait-il, pour venger la mort d'un
« chouan trahi par certain fermier d'une commune
« peu distante de Mandeville, David arrive à l'impro-
« viste avec ses hommes, tue le fermier, coupe les
« seins de la fermière, les fait griller sur la poêle et
« force les enfants à manger les seins de leur mère.
« C'est la seule atrocité dont il a regret. Aux enfants
« qui venaient écouter ses histoires, il donnait des
« pommes, qu'il avait mises à *mijoter* dans un grand
« cercueil en chêne, qui devait lui servir après sa
« mort. »

Si ce dernier trait est vrai, il nous semble que ce
vieux scélérat était, en outre, un sinistre poseur.

sance très-approfondie du caractère violent
de Madame de Montfiquet, il s'empressa d'é-
pouser les passions de cette dernière et de
satisfaire sa jalousie en écrivant une pièce
de vers satirique, calomnieuse même selon
les gens du pays, contre la famille de Longueville.

Ce dialogue en patois du Bessin, intitulé :
*La Partie de Mer ou La Vengeance du
Matelot créancier*, eut un succès énorme et
courut manuscrit de main en main. Mais, s'il
fit l'amusement des malveillants et consacra
la réputation de l'auteur, il fut sévèrement
jugé par les gens droits (1).

Ceux-ci s'accordèrent à dire que l'abbé
Anquetil avait commis là une mauvaise action,
une sorte d'abus de confiance en tournant
cruellement en ridicule des personnes hono-
rables, qui lui offraient leur table et leur
maison. Suivant même le témoignage d'un
contemporain, l'abbé ne se serait pas contenté,
en cette circonstance, de se faire l'exécuteur
complaisant des haines de Madame de Montfiquet. Il aurait poussé l'ingratitude jusqu'à
exercer une vengeance personnelle, et cela
pour un misérable motif. Froissé de n'avoir
pas été invité à une petite comédie, que l'on
joua au château de Longueville (2), il aurait,

---

(1) *Enquête*. Témoignage de M. Isidore Letourneur,
de Trévières.

(2) *Enquête*. Témoignage de M. Victor Levilland,
parent de l'abbé Delahaye.

par dépit, composé le *Dialogue* mordant dont les copies manuscrites circulèrent dans tout le pays.

Notre poète ne devait pas être d'humeur très-commode. Car il eut aussi de fréquents démêlés avec nombre de gens, entr'autres avec un certain Langlois, maire de Mandeville. Dans sa verve de chansonnier il avait toujours une vengeance toute prête, et il composa, à l'adresse de sa nouvelle victime, une satire sanglante[1].

Il eut même la maladresse de se brouiller avec la famille de Montfiquet, et pour une cause si futile que l'on serait tenté de croire qu'en vieillissant il avait été atteint d'une sorte de susceptibilité sénile. Voici le fait. L'abbé avait l'habitude de passer une partie de ses nuits à observer les astres. Or, il arriva qu'après une de ces contemplations nocturnes, l'ex-précepteur se trouva indisposé. Les demoiselles de Montfiquet, ses anciennes élèves, lui demandèrent en plaisantant : « As-tu vu la lune ? » L'astronome-amateur eut la sottise de se fâcher et de répondre, en regardant les questionneuses bien en face : « Je n'ai pas vu la lune, mais je vois les *puiottes* ou *pviottes* » ; ce qui, en patois du Bessin, signifie, paraît-il, *femelles de l'oie*. C'était simplement grossier, et l'on comprend que Madame de Montfiquet, dont la patience n'était pas la vertu première,

____

(1) *Enquête*. Témoignage de M. Isidore Letourneur, de Trévières.

se soit offensée de cette impertinence. Sa colère dépassa la mesure, car elle chassa de chez elle son ancien favori. Plus intelligentes que leur mère, les jeunes filles pardonnèrent à leur maître. Plus tard, en effet, elles surent venir au secours du poète devenu vieux et quelque peu nécessiteux (1).

On devine que si l'homme, chez l'abbé Anquetil, était si facilement irascible dans les circonstances ordinaires de la vie, le poète n'était pas appelé à faire mentir le dicton latin : *genus irritabile vatum.* Bien qu'il parlât avec un ton délibéré des produits de sa muse, le poète n'avait guère plus de modestie que ses confrères en Apollon. Et, quant à ses rivaux dans l'art de rimer, loin de pratiquer à leur égard la moindre tolérance, il les poursuivit de ses invectives.

Sa jalousie eut plus d'une occasion de prendre feu. Car, à la fin du XVIII⁰ siècle et au commencement du XIX⁰, il se forma, à Bayeux et dans les environs, tout un groupe de versificateurs satiriques. Ce fut comme une sorte de pléiade dont l'abbé Anquetil devint le chef incontesté. S'il est permis de comparer les petites choses aux grandes, comme dit le poète latin, ce dernier, sorte de Ronsard du XIX⁰ siècle, étoile de premier ordre, aurait noyé dans l'éclat de sa renommée les pâles reflets de ses rivaux. Et, malgré cela, il supportait

____

(1) *Enquête.* Témoignage de M. Isidore Letourneur, de Trévières.

mal leur voisinage, d'autant plus que, par un singulier effet du hasard, la plupart de ces rimeurs appartenaient, comme lui, à l'église. Parmi eux on remarquait, entre autres, un certain abbé Tanqueray, auteur de poésies mordantes et même cyniques (1).

Celui toutefois, qui s'attira particulièrement la haine de Bernardin Anquetil, était un joyeux abbé nommé Mariette, curé de Ryes, petit village situé à quelque deux lieues de Bayeux. Son premier tort avait été sans doute d'écrire, comme le poète de Mandeville, des pièces de circonstance. Mais son crime impardonnable, aux yeux de son concurrent, c'était certainement d'avoir fait usage de vers en patois bas-normand. N'était-ce pas marcher sur les brisées du *maître*, dont le plus retentissant succès avait été obtenu avec sa fameuse satire en langage du cru, intitulé : *La Partie de Mer !* De quel front osait-on se servir d'un genre dont il se croyait le créateur, l'unique propriétaire ? Tant d'insolence ne se pouvait tolérer ! Aussi, à la première occasion qui se présenterait, le chef de la pléiade bas-normande ne manquerait-il pas de donner à son obscur concurrent la volée qu'il méritait.

En effet lorsque l'abbé Mariette eut l'audace de présenter des vers à Louis XVI, à son

____

(1) *Rapport de l'archiviste du département (exercice 1902-1903)*, par M. Armand Bénet, archiviste du Calvados ; page 6.

passage pour Cherbourg, il reçut aussitôt cet
envoi du poète de Mandeville :

> Où cours-tu, crapaud d'Hippocrène !
> Fuis, rentre dans ton vil limon,
> Et n'infecte point la fontaine
> Où Pégase prend sa boisson.
> Quoi donc ! sottement Pindarique,
> Tu vas, en dépit d'Apollon,
> Prenant la trompette héroïque,
> Chanter les exploits d'un Bourbon !
>
> D'un poème bien somnifère
> Tu lui fais don avec transport ;
> Pour toi quel glorieux salaire !
> Il le prend, lit, bâille et s'endort ! (1)

Nous avons là comme un écho des grandes
colères des humanistes du XVI⁰ siècle, qui,
dans leurs polémiques, se jetaient plus d'invectives que d'arguments à la tête. Et cependant, en bonne justice, qui aurait eu le droit,
en cette circonstance, de se plaindre ? A notre
avis, l'abbé Mariette, qui avait certainement
plus de talent que le poète renommé de Mandeville. Celui-ci nous semble avoir concentré
sur lui toute l'attention du public et accaparé
ses faveurs, aux dépens de ses rivaux, qui
valaient quelquefois mieux que lui. Nous ne
connaissons pas tous les vers que le curé de
Ryes a pu laisser; mais les quelques frag-
ments, que nous avons lus, nous donnent
l'idée la plus avantageuse de sa verve et surtout de sa facture. Il y a, entre autres, une

---

(1) Copies manuscrites des œuvres de l'abbé
Anquetil; bibliothèque de Bayeux.

pièce intitulée : *Panégyrique ou portrait de Philipo, custos de Ryes*, qui est enlevée avec un brio étonnant. C'est le caractère d'un important, esquissé en quelques vers d'une allure vive et enjouée, et qui peut se résumer dans ce trait charmant : (1)

Dans l'église à Philipo le bon Dieu n'est pas maître !

En s'attaquant au curé de Ryes, ce n'était pas seulement le poète que l'abbé Anquetil entendait poursuivre de ses virulentes épigrammes. Sa jalousie se doublait d'un sentiment de rancune très-particulier à la plupart de ceux qui ont porté la soutane, avant de rentrer dans la vie civile. Car il y a, dans toute âme de défroqué, une obscure, mais très réelle aversion pour les persévérants du clergé, qui lui rappellent une vocation manquée. C'est

----

(1) Dans le recueil *Varia III* (C⁰ 15-2) : Bibliothèque de Caen. On trouve encore dans ce même recueil : *A l'occasion de la paix*. La Bibliothèque de Bayeux possède aussi quelques copies des vers de l'abbé Mariette en patois : *Chanson chantée à Arromanches le mardi 3 septembre 1816* ; — *Les Bonnets et les Capets, dialogue entre Brequot et Marnay, matelots d'Arromanches* ; — enfin : *Dialogue chrétien entre des habitans de Port à l'occasion de l'arrivée de Mg⁰ Brault.*

Dans cette dernière pièce, où les habitants de Port-en-Bessin s'expriment en termes violents contre le nouvel évêque de Bayeux, qui doit donner un remplaçant au curé qu'ils aiment, nous relevons les passages suivants :

J'crais que j'avons le rebut de la Providence.

. . . .

Mais un bri se répand qui m'baille la colique.
I veut, za ce que no dit, no zoter not pasteux
Et no donner en pleche un aut prête d'sa clique,
Comme si not bon tchuray n'était pas catholique.

. . . .

ainsi que le versificateur de Mandeville exerça
plus d'une fois sa verve aux dépens des ecclésiastiques. Dans sa pièce satirique en patois,
intitulée : *L'honneur de l'Eglise de Bayeux*,
il ne se contente pas d'appeler irrévérencieu-
sement les chanoines des *églisiers*. Il nous les
montre allant à la chasse. De quel gibier ? La
fin de la chanson l'indique suffisamment.

> Fuyez, colombes purpurines,
> Gentil gibier, plein de candeur,
> Fuyez les griffes patelines
> De ces éperviers sans pudeur.

Ici l'auteur exerce probablement des représailles contre des ecclésiastiques dont il avait
eu à se plaindre. Mais ailleurs, ce ne sont
plus seulement des attaques personnelles. La
manière légère, dont il parle de certaines
cérémonies religieuses, prouve que s'il avait,
dans une certaine mesure, gardé la foi, celle-ci
n'était pas très-respectueuse pour les usages

Mais as-tu vu c'damné, c'hérétique maudit,
Au lieu de preschier l'union, la paix et la concorde,
Qui s'en vient tout exprès pour souflier la discorde.
De sa vie y ne fut chrétien, ou no l'débatisit.
Faut qu'il ait queuque démon qui ly trote à l'esprit,
Ou ly même en est un sous humaine figure.

Ils font ainsi l'éloge de leur ancien curé :

Not pasteux que j'avons d'pis au moins quarante ans.
Dame ! ch'n'est pas stila qui vend les sacremens
Et livre, en vrai Judas, en prête mercenaire,
Dieu tantôt z'au rabais et tantôt z'a l'enchière.

Et un matelot conclut, d'un ton menaçant :

Evèque ou non, je ne l'enverrions pas moins
Au fond de la mé baptiser les marsouins.
Et, s'y fût avalé comme Jonas par la baleine,
Plût à Dieu qu'alle allît le reracher à Cayenne !

liturgiques. *Dans l'épitre préliminaire* d'une
pièce, qu'il dédie à un ami, il dira par exemple d'un ton gouailleur :

> Avant que six pieds de poussière,
> Suivis d'un long tas d'oremus,
> Plongent pour jamais dans la bière
> Ton ami, vieux rimeur perclus.

Si nous en croyons une satire anonyme
adressée au curé de Mandeville (1), les libertés
de langage de l'abbé Anquetil auraient quelque
peu scandalisé certains rigoristes du pays.

L'un d'eux écrit au curé :

> D'un troupeau qui vous aime, honnête et bon pasteur,
> Parmi vos paroissiens vous avez un poète.
> Assurément ce n'est pas le meilleur.
>
> . . . .
>
> A vingt ans il chanta Fanchonnette et Glycère,
> Et j'appris qu'à soixante il chantait le Saint-Père.

Le critique, après avoir espéré un instant
la conversion du pécheur, craint qu'il ne
finisse dans l'impénitence finale, et il exhorte
son curé à *lancer vertement cet enfant perdu
du Parnasse* quand la solennité de Pâques le
ramènera à son confessionnal.

Ce dernier trait nous apprend que l'abbé
Anquetil, assez indifférent en matière de religion, ne se conformait que rigoureusement, et
sans zèle, aux prescriptions de l'Eglise. Il
n'en vivait pas moins en bonne intelligence

----

(1) Dans recueil *Varia III* (C⁰ 15-2) ; Bibliothèque
de Caen.

avec le curé de Mandeville et avec tous les
autres ecclésiastiques des environs. Il fréquentait surtout les prêtres du pays qu'il
avait connus autrefois, avant la Révolution,
et qui étaient revenus de l'étranger après
l'amnistie de 1802, qui leur rouvrit les portes
de la France.

Il n'était pas de fête paroissiale, de baptêmes de cloches, de réunions pastorales où
l'abbé Anquetil ne fût convoqué. Et toujours
il payait son écot d'une pièce de vers, qui
perpétuait le souvenir de la cérémonie. Comme
on venait aussi, de tous côtés, lui demander
quelques poésies à l'occasion de baptêmes,
premières communions, mariages, il assistait
à presque tous les repas de famille des personnes aisées du pays. Sa présence constante
à ces agapes dut lui attirer quelques appré-
ciations malveillantes. Car il répondit par
avance au reproche qu'on aurait pu lui faire
de vivre en parasite. « C'est l'ami seul que
j'aime et non pas son caveau » dit-il, à ce
propos, dans son épitre intitulée : *Ma visite
à Monsieur le curé de Sixtain*. Quoi qu'il
en soit, que l'abbé Anquetil aimât ou non la
bonne chère, il arriva un moment où il se
lassa de s'asseoir à des tables trop bien ser-
vies. Il passa les dernières années de sa vie
dans une solitude à peu près complète, ne
fréquentant que les prêtres, qu'il avait connus
dans sa jeunesse, et un vieil ami : Louis Hélye

Duroray (1), qui habitait Bayeux l'hiver et sa maison de campagne, l'été, à Mandeville. Il se plaisait encore à observer les astres et à s'occuper de recherches scientifiques. Une nuit d'orage, dit-on, le vieil abbé sortit de sa retraite pour suivre les phénomènes de l'électricité et les effets de la foudre. Il eut l'imprudence de rester trop longtemps sous la pluie et contracta un refroidissement, qui amena une pneumonie, dont il mourut. C'était le 8 juillet 1826. Il avait 71 ans (2).

II

Nous venons de faire connaissance avec l'homme; jetons maintenant un rapide coup d'œil sur l'œuvre du poète.

La Muse disait à l'auteur des *Nuits: Poète, prends ton luth!* Notre rimeur bas-normand se servait d'un instrument beaucoup moins noble. Lorsque, selon le mot de Boileau, *pour lui Phébus* était *sourd*, il essayait de s'en faire entendre en prenant sa vielle. Cet ins-

---

(1) Ce Duroray, qui avait de l'esprit naturel, une certaine instruction, écrivait parfois des chansons, des satires, des épigrammes, comme l'abbé Anquetil: et cette communauté de goûts les rapprocha. (*Enquête*). La Bibliothèque de Caen possède, de lui, cette épigramme:
Tu t'étonnes comment le docteur Vacquerie
Est devenu si cher au clergé de ce lieu.
Hâte-toi de sortir d'une ignorance impie:
C'est par tous les chrétiens qu'il envoye au bon Dieu.
Dans recueil *Varia III* (C⁵ 15-2).
(2) *Enquête*. Témoignage de Pierre Onfroy, petit fils de Richard Anquetil.

trument à cordes de boyaux et à touches,
très en vogue au moyen-âge, avant qu'il ne
fût devenu le gagne-pain des aveugles ou des
petits savoyards, avait repris un certain
crédit au XVIIIe siècle, surtout en Normandie.
On l'utilisait principalement pour faire danser.
L'abbé Anquetil l'employait, parait-il (1),
pour un autre usage. Lorsqu'il manquait de
verve, il tournait furieusement la manivelle
de la vielle, et l'inspiration ne tardait pas à
venir.

Le luth d'Alfred de Musset et l'horrible
instrument nasillard de l'abbé Anquetil nous
semblent particulièrement propres à symbo-
liser l'énorme distance, qui sépare le lyrisme
de l'un des pièces de circonstance de l'autre.
Ce dernier cependant ne fut pas uniquement
un versificateur d'anecdotes locales. Il eut
aussi quelques heures d'inspiration sérieuse.
Et, bien que son public lui ait fait surtout une
réputation d'homme d'esprit, nous préférons
de beaucoup à ses chansons et satires les
quelques pièces dans lesquelles il s'est essayé
au genre philosophique.

Voici tout d'abord une sorte d'épitre où
l'on trouve peu de faiblesses dans la forme.
Quant au fond, il est nécessaire de faire des
réserves. Le poète s'attaque au système d'Épi-
cure et lui oppose la théorie du Dieu vengeur,
répartiteur de châtiments ou de récompenses.

____

(1) *Enquête*. Témoignage de Pierre Onfroy, petit
fils de Richard Anquetil.

Mais pourquoi prêter au philosophe grec une pensée qu'il n'eut jamais ? S'il ne croit pas à l'immortalité de l'âme, il n'a jamais cru non plus à celle du corps.

La mort lui parait être la fin naturelle et fatale de toute matière organique. S'il admet des Dieux, d'une nature supérieure à l'homme, il leur refuse toute action sur le monde et, niant leur pouvoir providentiel, il ne craint pas plus leurs sévérités d'outre-tombe que leur influence sur la vie terrestre.

Alors à quoi bon le mettre en scène et le menacer des colères d'un Jéhovah dont il n'a cure ? Le poète a donc eu le tort de donner à sa pièce le titre de *Tableau d'Epicure mourant*. Il aurait mieux fait de l'intituler simplement par exemple : *méditation chretienne sur la mort*. Et nous aurions su où il voulait nous mener. Ceci dit, nous aurons plaisir à signaler quelques-uns des meilleurs vers du morceau.

Enyvré des faux biens d'un monde corrupteur,
Embrassant son fantôme et jamais le bonheur,
J'oubliais que la mort est le sort de tout être,
Qu'on commence à mourir du jour qu'on vient de naître.

Devant sa tombe entr'ouverte, le poète tremble, envie le sort des êtres qui ne pensent pas, et s'écrie :

Heureux l'instinct borné de la brute expirante !
Tranquille, elle s'endort et meurt sans épouvante.

Et, plein du souvenir angoissant de ses

fautes passées, il demande un délai, supplie
qu'on lui laisse le temps du repentir. En
vain; l'œuvre de destruction s'accomplit. Est-
ce bien l'anéantissement ? Il se le demande.

O toi, secret moteur de ma frêle existence,
Invisible rayon d'une invisible essence,
Esprit, souffle divin, toi, dont l'essor vainqueur
Embrasse l'infini, le monde et son auteur,
O mon âme, où vas-tu ? Descends-tu dans la bière ?
Aurais-tu le destin de la vile matière ?
Ce corps, que tu conduis, ce corps né ton berceau,
Ce corps en pourrissant devient-il ton tombeau ?
— Non. Bannis loin de toi cette erreur criminelle,
Non. Tu ne peux périr. Ta trâme est immortelle,
Ton être seul échappe aux ravages du temps.

Pourquoi ? C'est que, dit le poète, le soleil
peut s'éteindre, le monde être réduit en pous-
sière ; mais l'homme ne saurait espérer descendre au néant. Et il en donne la raison dans
ce vers superbe, qu'on est étonné de rencontrer sous la plume d'un écrivain catholique.

Dieu, qui peut te créer, ne peut t'anéantir.

L'auteur douterait-il donc de la puissance
de Dieu ? Car la limiter, ne serait-ce pas la
nier ? Attendez. Un autre vers va apporter le
correctif du premier :

S'il n'anéantit pas, il punit, ou couronne.

Et, en présence de ce dilemme redoutable,
le poète ne tremble plus. Un secours inespéré
lui est venu. La grâce.

Il me semble renaître au moment où j'expire.
O Grâce lumineuse, ô céleste vertu.

Est-ce toi qui descends dans mon cœur combattu ?
Oui ; c'est toi. Le ciel s'ouvre à notre dernière heure.
Le mensonge s'enfuit ; la vérité demeure.
Hélas ! je te fuyais pour de tristes erreurs !
Tu parais, c'en est fait : je t'embrasse et je... meurs...
Je mourrais ? Non : je vis. L'âme, toujours pensante,
Au sein de son auteur rentre enfin triomphante.

La pièce devrait s'arrêter là. Mais l'auteur
a eu la malheureuse idée d'y ajouter ces deux
vers :

Tremblez donc, vous, méchans, qui brisez ses autels.
Dieu, pour vous en punir, dut vous faire immortels !

Au moment où le poète a conquis la paix
souveraine, c'est peu charitable de nous rappeler que son Dieu n'a donné à l'homme l'immortalité que pour le condamner à des peines
éternelles. Mais tant de fiel n'aurait su entrer
dans l'âme de l'abbé Anquetil, un théologien
peu féroce, qui nous paraît avoir eu plus de
faible pour le Dieu des bonnes gens que pour
celui de Torquemada. Seulement, arrivé au
bout de son rouleau, il s'est aperçu un peu
tard qu'il avait écrit en tête : *Tableau d'Épi-
cure mourant.*

Voilà le danger d'un titre mal choisi. Il
fallait le justifier, conclure. Et ma foi ! un
ancien, c'est si loin de nous et si peu compro-
mettant ! il a cru qu'il lui serait facilement
pardonné d'avoir jeté délibérément aux flammes éternelles le philosophe grec et son système.

Nous connaissons encore, de l'abbé Anquetil,

une autre pièce à tendances philosophiques, celle-là plus inégale, mais où se trouvent quelques vers bien frappés. Elle est précédée d'une *Epitre préliminaire à un ami Damon* et porte ce titre un peu essoufflant : *Idée du monde phisique, moral et politique, ou L'amour de l'Etude et du Travail, poème à Minerve, fait à l'occasion de la Comète de 1811, an 10 de l'Empire français.*

Moins long dans son développement que dans son titre, l'auteur trouve le moyen de nous faire son exposition du système du monde en huit ou neuf pages. Ce serait peut-être assez s'il avait su se condenser. Mais il perd bien du temps en route à cueillir des fleurs de rhétorique si fanées qu'on les dirait sorties d'un herbier, où elles auraient desséché entre les feuilles d'un *gradus ad Parnassum*.

A peine pourrons-nous y glaner quelques vers suffisamment éclos.

Après avoir loué le travail des champs et l'activité du commerce, le poète dira, par exemple, à propos des belles-lettres et des arts :

La lyre, sous mes doigts, parle, éclate, ou soupire.
La toile prend une âme et le bronze respire.

A la façon des poètes didactiques du temps, élèves de Delille, il nous montre la terre circulant autour du soleil « sur son axe inclinée » et nous parle naturellement de la comète de 1811,

Qui, semblant voyager au hasard et sans choix,
N'en obéit pas moins à d'immuables loix.

Il voit dans tout l'univers une harmonie parfaite et s'élève avec force contre ceux qui prétendent l'attribuer au hasard. Et il conclut ainsi :

Oui ! le monde est un cercle, indestructible, immense.
Dieu pense au centre et l'homme à la circonférence.
Par les rayons vivans de ce cercle profond
Un Dieu répond à l'homme et l'homme à Dieu répond.
Rien n'use le ressort de notre âme immortelle.
Je me sens attiré par l'Essence éternelle ;
Le corps meurt et l'esprit, par sa pente entraîné,
Retourne au centre heureux dont il est émané.

Il aurait dû s'arrêter là, et peut-être plus tôt, sur ce beau vers : « Un Dieu répond à l'homme et l'homme à Dieu répond » où l'auteur semble avoir pressenti la manière de Victor Hugo.

Mais il a cru devoir terminer sa pièce par des considérations morales et politiques, qui ont le tort d'être confuses et de rappeler la phraséologie de l'époque révolutionnaire. Tels ces deux vers, où il s'écrie d'un ton déclamatoire :

Disparaissez, Tyrans, teints du sang des mortels ;
Vous me feriez haïr le trône et les autels.

L'auteur avait sans doute d'autres raisons, celles-là probablement personnelles, pour ne pas aimer les autels, ou, pour être plus précis, le clergé. Et ceci nous mène, par une transition naturelle, à le considérer, non plus comme poète didactique ou philosophique, mais comme chansonnier.

C'est par ce côté de son esprit qu'il se fit une réputation et c'est cependant par là qu'il semble le moins se recommander à notre attention ; car les épigrammes et chansons, laissées par l'abbé Anquetil, sont trop souvent au-dessous du médiocre. Quand on se rappelle à quel degré de perfection était arrivé le vers badin du XVIIIe siècle, frondeur, gamin, galant, souvent même polisson, quand on sait avec quelle aisance il se jouait des difficultés, comme dans le conte du *Cheval et la Fille*, où Boufflers, avec les deux mêmes rimes, mène tout un récit sans fatigue pour l'oreille, sans accrocs pour le sens, on s'étonne que des générations, si voisines d'une telle époque, aient pu faire bon accueil à des couplets où la platitude de la plaisanterie n'avait d'égale que l'ignorance de la plus élémentaire prosodie.

Mais voilà. Tout s'explique quand on songe que le poète local s'inspirait des cancans et des petites haines du pays. C'étaient leurs pauvres méchancetés qu'il renvoyait, babillées en mauvais vers, à tous les médisants de la contrée. Ceux-ci y retrouvaient leur œuvre et s'y complaisaient en la reconnaissant sous une forme qui la popularisait.

A côté de ces misérables personnalités prennent place d'autres pièces de circonstance, dont la médiocrité trouvait facilement grâce auprès de gens qui se sentaient très flattés de voir célébrer les petits faits et gestes de leur vie privée. L'abbé s'était ainsi créé une nombreuse clientèle d'amis, qui lui savaient gré de s'être fait, en alexandrins ou en vers de huit pieds, l'historiographe de leurs baptêmes, premières communions, ou mariages.

Dans ces sortes de dithyrambes le satiriste ou chansonnier galantin, laissait trop souvent percer le bout de l'oreille. Ainsi, à propos du mariage d'une certaine Rose le Verdier, il écrira :

> Au fond de mon simple bocage
> Respire une jeune beauté,
> Petite, mais joli corsage,
> Fin sourire, œil de volupté.

Suit un portrait, où il déshabille la belle d'une main un peu trop leste. Mais comment se fâcher lorsque, après avoir révélé tous les charmes de la mariée, il termine par ce compliment :

> Grâces, du couchant à l'aurore
> Le monde vous doit mille autels,
> Si vous voulez qu'on vous adore
> Ne montrez pas Rose aux mortels.

Quelquefois il a la main encore plus lourde. Car, à propos d'un autre ménage, il ne craint pas de rimer cette profession de foi :

> Que le diable emporte l'Église
> Si je voulais d'un fruit mordu,
> Et porter du sacré Moïse
> Le mystique bonnet cornu !

S'agit-il d'un fait anonyme, il perd alors toute retenue. Voici, par exemple, une première nuit de noces, où le marié n'arrive pas bon premier. Et, après certains vers que nous laisserons prudemment inédits, le chansonnier nous peint le pauvre diable qui

> Croit faire l'office de la vierge
> Quand il fait l'office des morts.

On voit que le poète défroqué savait tirer des images inattendues de ses anciennes études de liturgie. Le trait est amusant et nous prouve que l'abbé Anquetil retrouvait sa verve lorsque, se dégageant des personnalités, il abordait un sujet qui n'avait plus le caractère anecdotique. S'il eût mieux étudié sa prosodie, soigné sa forme, il y avait certainement en lui l'étoffe d'un bon chansonnier. En 1795, lorsque Béranger n'était encore qu'un enfant, le poète populaire de Mandeville écrivait une pièce de vers très-vive, alerte, moitié ballade, moitié chanson, dans le genre de celles qui firent plus tard la vogue de l'auteur de la *Gaudriole* et de *Frétillon*.

En voici deux couplets (1).

> Certain cathécumène
> Mironton, ton ton, mirontaine.
> Certain cathécumène
> La vit, l'aima, lui prit.

---

(1) *Pot-pourri de Sainte-Marie l'Egyptienne*, composé à Bayeux vers 1795 par l'abbé Anquetil. Bibliothèque de Bayeux : œuvres manuscrites de l'abbé Anquetil.

> Lui prit la main, lui dit :
>   Soyez ma souveraine,
> Mironton, ton ton, mirontaine.
>   Soyez ma souveraine ;
>   Et la belle sourit.
>
> Quand on sourit c'est la preuve
> Qu'on entend un compliment.
> J'en ai fait souvent l'épreuve :
> Fille n'est pas longtemps neuve
> Qui sourit à son amant.
>   Un teint de rose
> Invite à prendre un doux baiser :
>   Fillette n'ose
>   Le refuser.

Dans son *Amour champêtre*, il y a aussi des vers bien troussés :

> Lison en sçait assez pour Blaise !
> Blaise en sçait assez pour Lison.
>   .   .   .   .
>
> Il ne faut pas grande parole
> Pour apprendre l'art de charmer,
> Comme il ne faut pas grande école
> Pour apprendre aussi l'art d'aimer.

Cette pièce est comme une agréable réminiscence de *Daphnis et Chloé*, auquel elle pourrait au besoin servir d'épigraphe.

Comme Béranger aussi, l'abbé Anquetil cultiva parfois le genre politique, mais il n'eut pas, comme le maitre, « l'art de combiner un filet de sa veine sensible avec les sentiments publics, dont il se faisait l'organe ». Il n'était que l'écho sans chaleur de son opinion personnelle, qui se bornait à rester partisan des représentants de l'ancien régime (1).

Ainsi, dans sa pièce intitulée *A la France*, il dira :

Qu'a fait ici ton roi pour mériter ta haine ?
Autant qu'il est puissant n'es-tu pas souveraine ?
Ah ! France, tu le sais, ce monarque absolu
N'a rien fait que la Loi ne l'ait enfin voulu.
Ta voix, ton bras, ton cœur, tout lui donna l'Empire.

L'abbé Anquetil nous semble oublier un peu trop ici que les intrigues de Fouché furent bien pour quelque chose dans le retour des Bourbons.

Mais notre poëte était peu informé. Très attaché à l'ancienne dynastie, il gardait toutes ses haines contre les hommes de la Révolution, et se défiait des nouveaux prétendants. Il unissait dans une égale réprobation Jacobins et princes de la branche cadette, écrivant contre ceux-ci : ses *vers sur le projet de faire régner en France les fils du duc d'Or-*

---

(1) L'abbé Anquetil n'avait pas le fougueux tempérament de certains ecclésiastiques, ses contemporains. Au moment où il écrivait ses pâles professions de foi, il en était qui n'hésitaient pas à publier par exemple un *hommage à l'acte constitutionnel. Hymne dédiée à nos Frères républicains de Rouen, en garnison au Havre*, où l'on trouvait des vers comme ceux-ci :

Unique objet de nos hommages,
Évangile de tout Français,
Du sein de sinistres orages
Au milieu de nous tu parais.

Et la pièce était signée : J. Trupel, *Prêtre, Républicain, Principal du collège national du Havre et Professeur de Rhétorique*.

léans, 1820, et contre ceux-là : sa grossière diatribe : *Epître d'un Jacobin*.

La vérité c'est qu'il était à peu près indifférent en matière politique. S'il aimait les Bourbons par tradition, il avait aussi puisé, dans le milieu libéral où il vivait, les rancunes populaires contre le noble. Il écrira, par exemple, dans *Ma retraite champêtre :*

> Quoi ! moi flatter un grand ! j'irais, vil hypocrite,
> Caresser un seigneur, automate orgueilleux,
> Un fin et lourd Crassus qui n'a pour tout mérite
>   Que le vain nom de ses aïeux !
> J'irais, lâche Phébus, j'irais, Muse servile,
> Encenser en rampant d'imbéciles guerriers
> Et mettre au rang de Mars la bravoure stérile
>   D'un tas de héros sans lauriers !

Cette tendance à fustiger les membres, plus ou moins arrogants, de l'aristocratie, s'est donné libre carrière dans la violente satire, que le poète écrivit contre la famille de Longueville.

Nous avons déjà dit plus haut comment ce dialogue en patois normand fut composé pour satisfaire à la fois la colère de Madame de Montfiquet, et les ressentiments de l'auteur lui-même. Bien qu'il soit, à notre avis, inférieur à beaucoup d'autres productions de l'abbé Anquetil, il eut une telle vogue dans le pays et fit tant pour la réputation du poète que nous ne pouvons nous dispenser d'en donner quelques extraits.

La Partie de Mer est une sorte de comédie

où l'on verse le ridicule sur certains membres
et amis de la famille de Longueville.

La scène se passe au bord de la mer, à
Grandcamp. Guillaume Franchise, matelot, a
conduit là, auprès de sa barque, son fils Thomas, étudiant, pour lui faire une redoutable
confidence. Celle-ci se borne cependant à
raconter qu'il a fourni aux propriétaires du
château de Longueville des huitres, qui ne
lui ont pas été payées. Bien petite cause pour
une si grande colère ! Malgré cela, par prudence, pour ne pas être entendu, le matelot
croit devoir monter dans sa barque et gagner
le large, avant de déverser sa bile dans l'oreille
de son confident.

Alors le dialogue commence entre le père,
qui parle en patois, plein de verve, et le fils,
qui pontifie en solennels et ineptes alexandrins.

En quelques vers le matelot nous fait le
portrait très-amusant de son pédant de fils.

Mon fils apprend l'latin. Le p'tit bougre, il est grèque.
Il est aussi savant qu'un prêtre de la Méque.
Dame, y chante au lieutrin comme un bonnet carré :
Ch'est por faire un grand homme, à c'qu'a dit not'
                                              [curé.
Mieux qu' san pater noster il sait la philophie ;
Tout com' Mathieu Laensberg il sait l'astronomie,
I vo lit dans l' soleil ; il dit, man fils Thomas,
Quand y gna de la leune et quand y gnen a pas.

. . . .

Tudieu, quelle élégance ! i prèche com' un livre !
Que d'esprit ! Cha l'y sourd au clair d'un ruisseau.

Et le brave homme parait si persuadé de la

supériorité de son fils qu'après une tirade,
plate et prétentieuse de ce dernier, il dit hum-
blement :

> Excuse si j' nous pas de clincant z au langage.

Dieu merci ; nous l'en félicitons. C'est lui,
candide admirateur des boursoufflures du
pédant, qui est vraiment original. Son respect
pour cet imbécile, qui a étudié, est un hommage rendu naïvement par un ignorant à la
science, si mal représentée. C'est donc lui que
nous écouterons désormais.

Voici tout d'abord comment il apprécie l'air
martial du châtelain qui porte l'épée en verrou.

> Ch'est un long serpentin qui craque et n'occit rien ;
> Une vesse de loup, comm' dit la renommée,
> Qui s'enfle, crève, pète et n' fait que d' la fumée !
> Ouais ! je l' connaissons bien ; il a l' cœur au molet.

La morgue du gentilhomme est ainsi peinte :

> Tout bouffi de sa r'lique, y s' quarrait, je vo prie,
> Y s' marchait, aussi fier que l'âne du Messie
> Ou qu'un praître portant un très saint sacrement,
> Qui crait que ch'est d'vant li qu' no s'incline hum-
> [blement ;
> Il prenait cha por li, tandis que d' la statue
> Ch'est la robe dorée et non l' bois qu' no salue.

Quant à Madame de Longueville, qui met
des mouches comme au XVIIIᵉ siècle, voilà
son portrait en quelques vers :

> L'autre, tout com' un paon, s'enfliait, faisant la roue ;
> Por s'empêcher d' rougir avait fardé sa joue,
> Avait, par chin par là, tapissé son musiau
> De manques qui sembliez ly versifier la piau ;
> No z en voyait partout courrir ste Galathée :
> Quand la môque s'y met, ch'est qu' la chai z est gâtée !

Cette série de silhouettes forme, en quelque
sorte, le prologue d'une comédie qui fut jouée
au château de Longueville et porte, dans la
plupart des copies manuscrites, le titre suivant : *La comédie donnée pour rappeler
l'encens et le plaisir exilés. Pièce : Pygmalion et la statue.*

Le matelot, qui s'est introduit dans le château sous le prétexte de vendre des huîtres,
assiste à la représentation et raconte ses impressions à son fils.

Je m' blottis dans un coin assis sus man pannier.
Là, tandis que j'attends que la noble canaille
Supe l'hître à crédit et me laisse l'écaille.
J'affouorque ma lunette et lâque, à l'environ,
Les quatre murs étroits d'une p'tite maison.

Suivant le critique l'éclairage ne valait
guère mieux que le théâtre.

Dix puans lampions, fliambans par intervale,
Faisez dancher le jour et la nuit dans la salle.

Les décorations se bornaient à

Chinq tableaux de famille aussi tristes que sots.
Pendus, bien et duement enfilés par le dos.
Très postiches guerriers qui, bien loin des batailles,
Etez morts bravement entre quatre murailles.

Quant à l'orchestre, voici sa composition :

Six racleurs de boyau, faisant un bruit d'tempête,
Sur un même ais assis discordant tête à tête.
D'un air de passion brayant au même papier,
Semblez trompiller là le jugement dernier.

Ces vers descriptifs ne manquent ni de
verve, ni d'originalité. Quant à l'action, qui

s'inspire de la fameuse légende de la statue de
Pygmalion, le narrateur patoisant la résume
en deux vers.

Car v'là comme il s'y prend quand chez li gna pas
                                         |d' dame ;
Il vo happe une pierre et, zeste ! en fait un' femme.

L'important pour le matelot Franchise c'est
de ridiculiser les nobles, acteurs de cette
comédie de société. Et il exécute tout d'abord
son ennemie, Madame de Longueville.

Madame enfin paraît, pompe avide d'encens.
Alle avanche, s' rangorge, admire ses ribans.
S' baille de l'éventeux, car la carpe était caude,
A des vapeurs, glutit, caracolle et minaude.

Puis c'est le tour de son fils, de ses parents,
de ses amis [1].

Lorsqu'elle fut mise en circulation, au
commencement de la Révolution, cette pièce
satirique eut, à Bayeux et dans les environs,
un succès retentissant. Même longtemps
après, sous Louis-Philippe, on en faisait
encore de nombreuses copies, et les bourgeois
lettrés, qui étaient nés avec le siècle, en
savaient par cœur des tirades, qu'ils se plai-
saient à réciter dans les cercles (2). Ce mor-

----

(1) Tous ces personnages ont été soigneusement
étudiés dans une publication parue en 1903 sous ce
titre : « *La partie de mer ou la vengeance du matelot créancier. Pièce satirique en patois normand
éditée pour la première fois* avec un avant-propos,
des variantes et des notes dialectologiques, par Ch.
Guerlin de Guer ». Paris et Caen, L. Jouan.

(2. A une époque plus rapprochée de nous, cette
pièce en patois normand fut, paraît-il, encore goûtée

ceau en patois normand, où l'on trouve certainement des traits spirituels, ne nous semble
guère mériter un tel honneur. Et sa vogue ne
peut, suivant nous, s'expliquer que par des
raisons, sinon politiques, au moins sociales.

On se rappelle en effet que le matelot Franchise, dans son dialogue avec son fils, se
préoccupe surtout de fronder les travers et la
morgue d'une famille aristocratique du pays.
Peu à peu le public dut s'habituer à généraliser
ces traits de satire personnelle pour en faire
des applications à certains membres de la
noblesse, dont il avait eu à se plaindre. Car,
s'ils ne souffraient plus dans leurs intérêts
matériels comme leurs aïeux du Tiers, qui
s'étaient révoltés contre d'écrasants privilèges,
les bourgeois de la Restauration et du Gouvernement de Juillet supportaient mal les
airs altiers des gentilshommes, qui les tenaient
à distance. Avec ses allusions mordantes en
patois, l'abbé Anquetil offrait à leur orgueil
froissé une mine inépuisable de représailles
faciles à exercer.

Dans l'appréciation que nous avons faite
des œuvres inédites du poète de Mandeville,
nous nous sommes peut-être montré trop
sévère. Car il ne faut pas oublier que la plu-

par de nouvelles générations. « Il y a une dizaine
« d'années (c'est-à-dire en 1868), alors que M. Guibert
« était maire de Trévières, la *Comédie de Longue-*
« *ville* fut déclamée dans une soirée publique, à la
« grande joie de toute l'assemblée. » Témoignage de
M. l'abbé Doucet, curé de Colleville. *Enquête.*

part des faiblesses qu'on y rencontre ne devraient point, en bonne justice, être imputées à l'auteur. S'il est très fâcheux en effet pour un méchant écrivain de publier ses inepties, il est non moins dangereux, pour un poète de talent, de rester inédit. Il devient alors la victime des copistes. Et ceux-ci sont encore plus traîtres que les traducteurs.

Une première copie du manuscrit original peut être exacte. Mais, qu'on se figure une première faute se glissant dans une seconde copie. Celle-ci sera multipliée et amplifiée abondamment par celles qui suivront. C'est ce qui est arrivé pour les poésies de l'abbé Anquetil. Telle de ses pièces, comme *La Partie de Mer*, fut reproduite à satiété. Que de chances d'erreurs et d'altérations ! Il en est d'une copie comme d'un bon mot répété. En passant de bouche en bouche, le trait spirituel s'émousse et, à la fin du voyage, se transforme trop souvent en une banale plaisanterie.

LA LÉGENDE DU ROI-SOLEIL

LA LÉGENDE DU ROI-SOLEIL

On peut dire que l'usage de comparer les rois au soleil a pris naissance avec la royauté elle-même. Entre les splendeurs d'une cour et l'éclat du plus brillant des astres, le rapprochement était si facile que l'image devait naturellement jaillir de la bouche des courtisans, ou de la plume des poëtes pensionnés. Il était réservé au siècle de Louis XIV, si fécond en merveilles, de rajeunir cette métaphore. usée jusqu'à la corde, et d'en retourner l'étoffe avec tant d'art que le souverain le plus recherché dans sa parure ne dédaigna pas d'en revêtir la majesté royale.

Longtemps avant Louis XIV, un Charles, duc de Nevers, avait *porté* le soleil avec ces mots : *Nec retrogradior nec devio ;* plus tard, un soleil levant, qui dissipe des nuages, avec ce mot : *Solvit dum vidit,* fut destiné à graver, tant sur l'airain que dans la mémoire de ceux qui auraient été tentés de l'oublier, le souvenir de l'intervention d'Amédée, duc de

Savoie, dans les différends qui s'étaient élevés entre Louis XIII et Marie de Médicis, sa mère. Tant d'orgueil entre-t-il dans l'âme des petits princes et tant d'humilité dans celle du grand roi ! Louis XIV plagiaire ? Louis XIV impuissant ? Pour épargner à sa mémoire cet outrageant soupçon, il nous suffira de rappeler les règles qui président à la composition d'une devise. Toute devise comprend une figure, qu'on appelle le *corps*, et des mots, qu'on appelle l'*âme*. La difficulté n'est pas d'inventer une figure extraordinaire, mais de trouver, dans des *corps* très connus, des propriétés qu'on n'y ait point encore découvertes. C'est ce que fit Louis XIV en adoptant sa célèbre devise : *Nec pluribus impar*. Comme Molière, il prit son bien où il le trouvait et sut, en empruntant, rester original.

Sous la régence d'Anne d'Autriche, en 1615, parut un jeton sur lequel on voyait « la reine présenter un jeune aiglon au soleil, » *Matre viam monstrante*. Cette devise donna lieu sans doute aux vers suivants, que nous rencontrons dans un *Sonnet au Roi :*

Elle [la Victoire] vous fournira le superbe appareil
Qui conduit un monarque au trône du Soleil !

L'idée a déjà fait du chemin. Les poètes de cour l'ont ramassée. Grâce à leurs amplifications, Phœbus est bien près d'être détrôné. Tout à coup, au milieu de ce chœur de courtisans, qui posent la première pierre de la

légende, s'élève une voix discordante, et
cependant habituée à charmer. Le sieur Saint-
Amant, gai compagnon, poète de talent, ne
s'avise-t-il pas de faire paraître la *Lune par-
lante ?* La lune, quand il n'est question que
du soleil. Où diable ! le poète vagabond avait-il
la tête ? On dit qu'il fondait beaucoup d'espoir
sur cet ouvrage, et qu'il pensait que le roi,
après l'avoir lu, daignerait jeter quelque
menue monnaie de sa faveur dans ses poches
vides de bohème. Mais la pièce déplut à Louis
XIV ; la lune l'importunait ! Les poètes de
génie ne sont décidément bons à rien, quand
il s'agit d'écrire une cantate ou tout autre
morceau officiel. Quand ils se risquent sur
cette pente, ils s'aperçoivent, trop tard hélas !
que l'inspiration, lorsqu'on la vend, meurt et
ne se rend pas.

Pour parvenir à la cour, l'habileté est bien
préférable au talent. Le P. Ménestrier prit
aussi la lune pour corps d'une devise : mais,
avec autant de finesse que de galanterie, il
l'écrivit pour la reine, en lui prêtant ces mots
qu'elle adressait au roi : *Vous seul connaissez
bien le beau feu dont je brule.* Cette belle
invention valut au P. Ménestrier de tels
encouragements qu'il entreprit une série de
travaux, capables de faire oublier ceux d'Hercule. Un jour, nous dit-il dans un de ses
livres, il présenta à Sa Majesté près de deux
cents devises sur les principaux événements
de sa jeunesse ! Une telle fécondité méritait

une haute distinction, et nous ne serions pas surpris que le P. Ménestrier eût été choisi pour composer la première devise, avec laquelle le Roi-Soleil fit solennellement son entrée dans la *France métallique*.

C'est à la date de 1667, dans un in-folio intitulé : *Médailles sur les principaux événements du règne entier de Louis-le-Grand*, que nous trouvons ce curieux document : « … Sur la fin d'octobre, nous dit l'explica-
« tion historique imprimée au-dessous de la
« médaille, le roy alla au camp devant Sainte-
« Ménéhoult ; sa présence hasta la prise de la
« place, que la rigueur de la saison rendoit
« très difficile ; et cet heureux succès acheva
« de pacifier le royaume. C'est le sujet de
« cette médaille. Le soleil dans son char
« paroist dissipant les nuages, avec cette
« légende : SERENITAS RESTITUTA *(La sérénité
« revenue)*, et cet exergue : PLURIMÆ URBES
« RECEPTÆ MDCLIII *(Plusieurs villes remises
« sous l'obéissance du roy en 1653).* »

Trois ans après, en 1656, un nouveau ballon d'essai est lancé, pendant les fêtes du Palais-Royal, pour tâter la cour et préparer l'opinion publique.

« Le roi, dit Mme de Motteville dans ses *Mémoires*, continuant d'aimer Mlle de Man-cini, quelquefois plus et d'autres fois moins, voulut, pour se divertir, faire une célèbre course de bague qui eût quelque rapport à l'ancienne chevalerie. Il sépara toute la belle

cour en trois bandes de huit chevaliers chacune. Il était le chef de la première... À la
tête de la troupe du roi paraient quatorze
pages vêtus de toile d'argent, avec des rubans
incarnat et argent. Ils portaient les lances et
les devises des chevaliers. Après eux allaient
six trompettes; ensuite de ces trompettes
allait le premier écuyer du roi, habillé de
même manière. Il était suivi de douze pages
du roi, bien montés, richement habillés, et
chargés de plumes et de rubans, dont les deux
derniers portaient : l'un la lance du roi et
l'autre l'écu, où il y avait un soleil avec ces
mots : « *Ne piu, ne pari* [*ni un plus grand,
ni un pareil...*] »

De ces mots à la devise *Nec pluribus
impar*, il n'y a que la distance du tournoi du
Palais-Royal au célèbre Carrousel de 1662.
Six ans encore de tâtonnements n'étaient
point de trop pour enfanter un tel chef-
d'œuvre. Il ne faudrait pas croire cependant
que la devise s'élaborât toujours mystérieu-
sement dans le cabinet du roi, avec les matériaux fournis par le P. Ménestrier ou par
d'autres maîtres ès arts de *deviser*. On ne
négligeait pas de sonder l'opinion et de la
préparer à recevoir la divine formule. Ainsi,
en 1661, après la mort de Mazarin, quand le
roi résolut de gouverner sans premier ministre, une médaille le représenta sous la figure
d'Apollon, assis sur un globe chargé de trois
fleurs de lys, tenant de la main droite un

gouvernail et de l'autre une lyre. Les rayons, qui encadraient la tête du roi, complétaient la légende : *Ordo et felicitas*, en indiquant qu'il s'agissait non moins du Dieu de la lumière que du Dieu de l'harmonie.

La venue du Roi Soleil était proche, et sa légende allait bientôt devenir une officielle réalité.

Quelques auteurs prétendent que la devise *Nec pluribus impar* fut inventée pour le carrousel des Tuileries, qui a donné son nom à la place du Carrousel. Cette assertion manque d'exactitude ; la fameuse légende ne figura pas dans la pompe du tournoi :

« Au grand carrousel de 1662, écrit le P.
« Ménestrier, dans son *Traité des Tournois*,
« le roy estoit vestu d'une cuirasse à la ro-
« maine, sur laquelle il y avoit trois bandes
« de roses de diamans, qui en faisoient le
« tour, couverte de six-vingt roses extraordi-
« nairement larges, et fermées par devant
« avec trois grandes agraffes de diamans. Il
« y avoit aussi quarante-quatre roses de dia-
« mans à la gorgerette, douze lambrequins
« de diamans sur les manches, de dix pièces
« de chaisne, avec une pendeloque à chacune
« de diamans à plusieurs pierres ; quatorze
« écailles garnies de diamans, attachées aux
« mesmes lambrequins, avec un grand dia-
« mant au bout : cinquante-deux pièces de
« chaisne sur le haut des manches ainsi qu'à

« la ceinture, et vingt-quatre roses de diamans
« autour des deux bouts des manches... »

En un mot, qu'on se figure un étalage d'or-
fèvre en marche, et l'on aura de la majesté
de Louis XIV, en ce jour solennel, une idée
assez juste ; ce qui nous permettra d'éviter la
description du casque d'or, du cimeterre, des
brodequins, des jarretières et autres acces-
soires. Sautons environ cinquante pages et
arrivons aux devises du tournoi.

« Il y en a d'assez justes, reprend l'auteur,
« pour pouvoir servir de modèles aux *rafi-*
« *neurs* de cet art. Celle, du roy, chef de la
« quadrille des Romains représentant Jules
« César, estoit le Soleil levant, qui dissipe
« des brouillards. *Ut vidi vici.* »

Deux autres devises seulement, dont l'une
représente une planète recevant sa lumière
du soleil : *Magno de lumine lumen,* et l'autre
un tournesol : *Mihi fas concurrere Soli,* font
allusion au Roi-Soleil. Mais de la légende
appelée à tant de célébrité, du sublime *Nec
pluribus impar,* nulle trace encore. Cependant, si cette devise ne fit pas son apparition
pendant les fêtes mêmes du carrousel de 1662,
on peut dire qu'elle les termina comme le
bouquet termine un feu d'artifice.

Ce n'est pas au hasard que nous avons
adopté cette image ; les mots étincelants de la
légende éclatèrent tout à coup comme une
brillante gerbe de fusées, avec cette différence

toutefois que la lumière en dura plus longtemps. En moins de rien, les armoiries du roi,
les meubles de la couronne, les tapisseries,
les sculptures, furent ornés de l'emblème d'un
soleil, qui dardait ses rayons sur un globe,
avec ces mots : *Nec pluribus impar*. En
sortant de la *cour*, la devise fit son entrée à
la *ville*, pour passer de là dans les provinces
avec la rapidité d'une trainée de poudre qui
s'enflamme. L'exportation s'en mêla, et le
mot traversa les mers. Voici ce que nous
lisons, en effet, dans les *Entretiens d'Ariste
et d'Eugène*, du P. Bahours :

« Un navire de France étant entré dans le
port, Ariste et Eugène eurent la curiosité de
le voir... Outre que l'or et l'azur y brilloient
de tous costez, le soleil y étoit peint en plusieurs endroits, avec ces paroles : *Nec pluribus impar*. Cette devise arrêta les yeux
d'Eugène et remplit tellement son esprit
qu'aussitôt qu'ils furent au bord de la mer :
il faut avouer, dit-il, qu'il n'appartient qu'à
notre auguste Monarque de porter une devise
aussi héroïque que celle qu'il porte depuis
quelques années. A la vérité, répondit Ariste,
ce grand prince ne pouvait prendre un symbole plus illustre ni plus digne de lui que le
soleil; ce bel astre est son véritable portrait. »

Malgré l'admiration qu'il professe pour son
héros, Voltaire, dans son *Siècle de Louis
XIV*, se montra moins indulgent qu'Ariste et
n'hésita pas à blâmer le côté ambitieux de la

devise, qui était appelée à une si grande popularité. « L'idée, dit-il à ce propos, était un peu imitée d'une devise espagnole faite pour Philippe II, et plus convenable à ce roi qui possédait la plus belle partie du nouveau monde et tant d'Etats dans l'ancien, qu'à un jeune roi de France qui ne donnait encore que des espérances. » Il s'empressa toutefois d'ajouter, pour justifier le roi, « qu'on a reproché injustement à Louis XIV le faste de cette devise, comme s'il l'avait choisie lui-même. » L'auteur d'un livre intitulé : *le Siècle des beaux-arts et de la gloire, ou la mémoire de Louis XIV justifiée des reproches odieux de ses détracteurs*, M. Ossude, s'appuyant sur ce passage de Voltaire, s'écrie d'un ton victorieux : « On ne peut pas plus reprocher à Louis d'avoir pris le soleil pour devise, qu'on ne saurait l'accuser de s'être décerné lui-même le surnom de grand. »

Avant de se faire si chaleureusement l'avocat de Louis XIV, M. Ossude aurait bien dû lire les écrits laissés par son client. Voltaire était excusable de ne pas les connaître tous ; ils étaient encore manuscrits et probablement éparpillés, mais depuis ils ont été publiés. Si M. Ossude s'était donné la peine de les feuilleter, il aurait trouvé, dans les *Mémoires de Louis XIV pour l'instruction du dauphin*, un aveu qui réduit à néant la supposition gratuite de Voltaire. Il nous suffira, en effet, de mettre sous les yeux du lecteur la pièce

principale du procès pour qu'il décide avec
nous, en toute loyauté, que Louis XIV est,
sinon l'auteur — comme nous le présumons,
— au moins l'éditeur responsable de la célèbre devise :

« ... Ce fut là (au Carrousel), dit Louis XIV
au dauphin, que je commençai à prendre celle
que j'ai toujours gardée depuis, et que vous
voyez en tant de lieux. Je crus que, sans
s'arrêter à quelque chose de particulier et de
moindre, elle devait représenter en quelque
sorte les devoirs d'un prince et m'exciter
éternellement moi-même à les remplir.

« On choisit pour corps le soleil, qui, dans
les règles de cet art, est le plus noble de tous,
et qui, par la qualité d'unique, par l'éclat qui
l'environne, par la lumière qu'il communique
aux autres astres qui lui composent comme
une espèce de cour, par le partage égal et
juste qu'il fait de cette même lumière à tous
les divers climats du monde, par le bien qu'il
fait en tous lieux, produisant sans cesse de
tous côtés la vie, la joie et l'action, par son
mouvement sans relâche, où il paraît néanmoins toujours tranquille, par cette course
constante et invariable, dont il ne s'écarte et
ne se détourne jamais, est assurément la plus
vive et la plus belle image d'un grand monarque. Ceux qui me voyaient gouverner avec
assez de facilité et sans être embarrassé de
rien, dans ce nombre de soins que la royauté
exige, me persuadèrent d'ajouter le globe de

la terre, et pour âme *nec pluribus impar :*
par où ils entendaient, ce qui flattait agréa-
blement l'ambition d'un jeune roi, que, suffi-
sant seul à tant de choses, je suffirais sans
doute encore à gouverner d'autres empires,
comme le soleil à éclairer d'autres mondes,
s'ils étaient également exposés à ses rayons.
Je sais qu'on a trouvé quelque obscurité dans
ces paroles et je ne doute pas que ce même
corps n'en pût fournir de plus heureuses. Il y
en a même qui m'ont été présentées depuis ;
mais celle-là étant déjà employée dans mes
bâtiments et en une infinité d'autres choses,
je n'ai pas jugé à propos de la changer. »

Pour qui a pesé chaque mot de ce passage
des *Mémoires* de Louis XIV, il ne s'agit plus
de savoir si le grand roi a choisi la fameuse
devise, — ce qui est évident, — mais de
rechercher s'il n'en est pas lui-même l'auteur.
S'il faut s'en rapporter à Moreri, le *nec pluribus impar* aurait été composé par un certain Louis Douvrier, « célèbre par la beauté
de son génie et son érudition » ; mais d'autres
biographes se montrent moins affirmatifs.
Plusieurs raisons nous portent à croire que
ce Douvrier ne fut ici que le prête-nom de
Louis XIV.

Le roi, qui a si naïvement avoué son péché
d'orgueil dans cette phrase de ses *Mémoires :*
« … Il me semble qu'on m'ôte ma gloire,
quand sans moi on en peut avoir », celui-là
dut aimer, à l'égal des autres, la gloire litté-

raire. Nous savons, en effet, que s'il ne cessait de vaincre, il ne cessait aussi d'écrire. Il aimait à briller, à passer pour un bel esprit. Dans son *Entretien* sur les devises, le P. Bouhours nous dit, en parlant du roi : « Il excelle en ces symboles généalogiques, et l'on peut dire qu'ils sont de son invention. Celui qu'il a fait sur les armes de la maison de Longueville est fort ingénieux... » Ainsi, voilà Louis XIV qui se plaît à composer des devises pour sa noblesse ; comment admettre qu'il confie à un autre le soin d'inventer celle qui devait, en quelque sorte, caractériser son règne. Aurait-il douté de ses forces ? Se serait-il cru moins de verve que le sieur Douvrier ? On pensera plutôt qu'il se croyait obligé, tout roi qu'il était, et par cela même qu'il était roi, de se conformer à l'étiquette. A la cour, auprès des initiés, il jouissait de son triomphe d'auteur : mais, pour le gros du monde, Douvrier servait de paratonnerre à la dignité royale. Que serait devenu l'éclat du Roi-Soleil, s'il eût daigné signer sa devise, comme Molière signait ses comédies !

Une seconde preuve, c'est l'amour-propre d'auteur qui se manifeste en maint endroit du passage des *Mémoires*, que nous avons cité. « Je sais qu'on a trouvé quelque obscurité dans ces paroles », écrit Louis XIV, et il ajoute, avec un certain dépit : « et je ne doute pas que ce même corps n'en pût fournir de plus heureuses. Il y en a même qui m'ont été présentées depuis. » Il ne dit pas si elles étaient meilleures ; il se contente de cette fin de non-recevoir : « celle-là étant déjà employée dans mes bâtiments et en une infinité d'autres choses, je n'ai pas jugé à propos de la changer. » Pour cette seule raison ? Effacer quelques peintures, gratter quelques pans de muraille, découdre quelques broderies, tels sont les grands travaux qui arrêtent le tout puissant monarque. En vérité on est heureux de trouver une minute d'économie dans la vie du prodigue de Versailles !

Une dernière preuve nous semble décisive. La légende *nec pluribus impar*, de l'aveu même de Louis XIV, parut obscure à ses contemporains. Elle ne pouvait être claire, en effet, que dans l'esprit de celui qui l'avait inventée. Quand, selon nous, il composa cette devise, le jeune roi ne donnait encore, pour tout le monde, comme l'a dit très bien Voltaire, que des espérances. Lui seul connaissait la portée de son ambition, lui seul pouvait prêter à ses rêves l'apparence d'une réalité, lui seul, qui aspirait déjà à fonder la monarchie universelle, était capable de formuler en une image l'audace de ces conceptions. Conquérant avant la conquête, il était, comme une épreuve avant la lettre, compréhensible pour l'artiste, obscur pour les autres.

Tels sont nos arguments ; au lecteur d'apprécier. Dans tous les cas, que Louis XIV ait

imaginé ou fait composer la devise *nec pluribus impar*, il n'en reste pas moins, comme
nous l'avons dit, l'éditeur responsable. Beaucoup d'historiens lui ont, en effet, reproché le
faste de cette légende. A tort, selon nous ;
car il n'était pas le premier à se servir d'un
emblème ambitieux. Sixte V avait eu un
soleil dans ses armoiries, et Urbain VIII, en
se coiffant de la tiare, avait pris pour devise
le Soleil naissant, avec ces mots *Idem et
alius*. Après l'exemple de ces papes, personne
ne se sentirait le courage de faire un crime à
Louis XIV, qui n'avait pas prononcé de vœux
d'humilité, d'avoir succombé aux tentations
du démon de l'orgueil. Quelle que fût d'ailleurs la vanité du roi, elle resta bien en deçà
de la bassesse des courtisans qui lui prêtèrent
leur concours.

A peine la fameuse légende fut-elle, pour
ainsi dire, tombée dans le domaine public,
que toute la gent rimailleuse, affamée de
faveurs, se mit à la sucrer de tant de belles
paroles qu'elle disparut, comme une devise de
confiseur, sous la pâte boursouflée des para-
phrases. « Depuis que le Roy a pris un Soleil
« pour son symbole, écrit le P. Bouhours, et
« qu'il s'est *approprié* ce bel astre, les per-
« sonnes un peu éclairées prennent le soleil
« pour lui : on conçoit en même temps l'un et
« l'autre. » Ainsi, en quelques mois, grâce à
l'incessant travail de la prose et des vers

officiels, voilà Louis XIV définitivement en possession de son titre de Roi-Soleil !

Cependant il se trouva, vers ce temps, un poète assez arriéré pour se permettre de comparer l'astre de Versailles au soleil. Ce pauvre Chapelain était voué décidément au ridicule. Ce fut à cette occasion qu'il reçut de Boileau sa première volée. Dans son *Discours au Roi*, composé en 1665, Despréaux s'exprime ainsi sur le compte de l'auteur de la *Pucelle* :

> L'autre, en vain se lassant à polir une rime,
> Et reprenant vingt fois le rabot et la lime,
> Grand et nouvel effort d'un esprit sans pareil !
> Dans la fin d'un sonnet te compare au soleil !

Nous ne saurions ici plaindre la victime ordinaire de Boileau. Tant pis pour Chapelain ! tant pis pour les gens qui prennent le coche quand il y a des chemins de fer ! Il s'agissait bien vraiment d'une comparaison ! Louis XIV n'était plus un homme fait de chair et d'os, mais un dieu fait de lumière. Comme Dieu, il avait la puissance créatrice, et d'un de ses rayons il pouvait composer un astre inférieur, qui devenait aussitôt un des satellites de sa gloire. Nous n'inventons pas, nous citons. Dans un recueil intitulé *Ludus poeticus epigrammatum*, publié en 1688, nous lisons :

> DUM REX AGIT IN FLANDRIA QUID AGAT
> TURENUS IN GERMANIA ?

> Ut radius Solis pro Rege ut Sole Turenus,
> Præcipites Aquilas stringit et axe fugat.

Rex Aquilas radio si vel perstrinxerit uno,
  Quando agit in distans; quid propriore loco?
Omnes quid radii coram, praesenteque Sole?
  Flandria, quae sentis, dicere caeca potes.

Ce que l'on peut traduire ainsi : « Tandis que le roi commande dans les Flandres, que fait Turenne en Germanie ? Turenne, comme un rayon de soleil, émanant du Roi-Soleil, poursuit les aigles et les met en fuite. Si, d'un seul de ses rayons, le roi transperce les aigles à distance, que serait ce s'il était là ? Si le soleil était présent, que feraient tous ses rayons à la fois ? Flandres, vous qui l'éprouvez, ne pouvez-vous pas vous dire aveuglées ? »

Ailleurs, dans un livre de poésies latines intitulé : *Symbola heroïca*, la Lune, qui personnifie la Suède, demande au Soleil de lui rendre son premier éclat. Ce morceau du jésuite Charles Rue, qui parut en 1669, semble inviter les nations étrangères à introduire dans leur littérature la légende du Roi-Soleil. S'inspirant peut-être de cet antécédent, Mlle Bernard exprima formellement le même vœu dans la pièce de vers qui remporta le prix de l'Académie française en 1697 :

Que sur les rois liguez le monarque des lys,
Jettant d'un doux regard la bénigne influence,
Soit un soleil pour tous, comme il l'est pour la France.

Le vœu du poète fut exaucé. L'astre royal, projetant bientôt ses rayons au-delà des fron-tières, fit assez rapidement son chemin pour

que nous le retrouvions en 1709 à l'état de
Soleil-international. En effet, dans une édition
du poème latin *De irâ* de Laevin de Meyer,
publiée à Bruxelles, le théologien-poète fait
précéder ses trois livres d'hexamètres d'une
gravure allégorique qui ne nous laisse plus
de doute à cet égard. Au premier plan de
cette composition, un dragon, rampant dans
les hautes herbes, menace de son triple dard
un Apollon qui tend son arc et se prépare à
lui décocher son trait vainqueur. Les pieds
sur un nuage chargé de tempêtes, le visage
au centre d'un vaste soleil, le dieu de la
lumière nous montre la tête de Louis XIV
ceinte de lauriers. Au second plan, dans un
petit paysage flamand, joyeusement éclairé,
des femmes se prennent aux cheveux, tandis
que leurs maris échangent de formidables
coups de poing, à côté de deux aimables phi-
losophes qui ne se voient contredits par personne. L'allusion est claire. Les gens qui se
battent représentent la polémique orageuse
des ennemis de Rome; l'hydre personnifie
l'hérésie; et Louis XIV figure le grand policier
des consciences, le héros des dragonnades, le
révocateur de l'édit de Nantes, en un mot
l'astre qui, de son rayon orthodoxe, flèche
d'or, blesse mortellement l'erreur !

Il semble que l'astre de Versailles soit enfin
parvenu à ce degré de gloire où Dieu dit à
l'orgueil : « Tu n'iras pas plus loin ! » Erreur !
il va se rencontrer des courtisans assez fana-

tiques pour s'atteler au char du Roi-Soleil et le traîner encore vers des sphères plus élevées.

Dans une églogue de M. du Périer, le berger Corydon dit :

> Louis toujours tranquille et toujours agissant,
> Du soleil toujours vif, toujours resplendissant,
> Du vent et des frimas réparant le dommage,
> Dans le vaste univers représente l'image.
> Si cet astre, immobile à nos faibles regards,
> Agit incessamment, brille de toutes parts,
>
> . . . .
>
> Notre invincible roi dans sa noble carrière
> Voit-il moins de climats adorer sa lumière ?

Daphnis, qui donne la réplique à Corydon, l'interrompt tout à coup pour lui prouver qu'une image astronomique n'est plus digne de peindre la gloire du grand roi. Et il s'écrie, dans son enthousiasme :

> Théâtre merveilleux de surprenants spectacles,
> Dites-nous si jamais, à travers tant d'obstacles,
> Le soleil aurait pu par ses vives clartés
> Dissiper les horreurs de vos champs désertés,
> Tirer tant de trésors de vos sèches entrailles,
> Ainsi qu'a fait Louis ? répondez-nous, Versailles !

Versailles ne répond rien du tout. Mais, pour le tirer d'embarras, un nommé Brice Bauderon, seigneur de Senecey, se charge de prouver, dans un volume in-12 de 108 pages, que le Roi-Soleil est au-dessus du soleil lui-même. Ainsi procèdent les littératures ; les grammairiens suivent les poètes et la froide logique commente les brûlantes inspirations. A Dieu ne plaise que nous ayions l'intention de rabaisser le mérite de la prose du sieur de Senecey ! Le titre de son traité, mieux qu'un sonnet, vaut seul un long poème. Le voici :

L'APOLLON FRANÇOIS, *ou le Parallèle des Vertus héroïques du très auguste, très puissant et très invincible roi de France et de Navarre* LOUIS LE GRAND XIVe DE CE NOM, *avec les propriétés et les qualités du* SOLEIL.

Ce titre tient plus qu'il ne promet, et, quoique céla semble difficile, il est plus modeste qu'il n'en a l'air. Le sieur Bauderon de Senecey ne se propose pas seulement de faire le parallèle de Louis XIV avec Phœbus ; les conclusions de son livre ne tendent à rien moins qu'à placer le grand roi sur un trône encore plus éclatant. « Le soleil, dit-il, n'étant qu'une « créature purement matérielle et un corps « sans âme, quelque lumineux qu'il soit, ne « peut être considéré que comme l'ombre de « Dieu. Il n'appartient qu'à Louis XIV, roi de « France et de Navarre, d'être la vivante et « la plus parfaite image du Dieu vivant... « Ces trois qualités divines de seul, de lumi- « neux et de bienfaisant lui conviennent beau- « coup mieux qu'à l'astre qui nous éclaire, « puisqu'il est seul souverain dans ses royau- « mes... »

Pauvre soleil ! Quelle humiliation de se voir éclipsé sans que la lune s'en mêle ! Cette étrange manière de comprendre l'astronomie pourrait faire naître dans l'esprit du lecteur un doute, injurieux pour la raison du seigneur

de Senecey, si l'on ne s'empressait de mettre
sous ses yeux quelques mots de Moreri qui
sont toute une justification. « Brice Bauderon
de Sénecé, dit le célèbre biographe, est mort
à Mâcon, le 31 octobre 1698, âgé de plus de
85 ans, après avoir rempli pendant près de
cinquante ans la charge de lieutenant général
au présidial de Mâcon. Le conseil et le parlement, instruits de ses lumières et de son
intégrité, l'ont souvent employé dans des
affaires importantes et en ont toujours été
satisfaits. »

Après ce renseignement, digne de foi, on se
demande avec stupeur comment un homme
grave, un magistrat de talent, auteur de livres
sérieux, a pu employer les loisirs d'une vieil-
lesse honorable à composer un recueil d'emblèmes burlesques, que Tabarin eût refusé de
signer. Il n'était plus à l'âge où l'on sollicite ;
il avait obtenu du pouvoir toutes les faveurs
qu'il en attendait. Que voulait donc ce vieillard ? Il succombait à la maladie du temps, à
la fièvre de l'adoration. La monarchie était
arrivée à son apogée. Délivrée des derniers
restes de la féodalité par la hache de Richelieu,
victorieuse de l'hérésie, elle s'épanouissait
alors sous les traits imposants d'un jeune
prince, que la nature avait tout exprès façonné
pour être le grand-prêtre des dernières pom-
pes de la royauté. Elle était devenue comme
une sorte de religion, et il se brûlait certainement plus d'encens à Versailles qu'à Notre-

Dame. Point d'idolâtrie pourtant : ce n'était pas devant Louis XIV que l'on s'agenouillait, mais devant le représentant, l'image vivante de Dieu sur la terre !

Ce jeu-là n'est pas sans danger. Il arriva que l'idole prit parfois son rôle au sérieux, et que l'adorateur, pour faire exaucer ses prières, compta moins sur le ciel que sur son représentant. Comment en eût-il été autrement, lorsqu'on voyait un maréchal de La Feuillade se prosterner publiquement trois fois devant la statue de bronze qu'il avait érigée à Louis XIV, un Fléchier abandonner la prose solennelle de la chaire pour rimer *Un éloge du Roy !* Tout alors retentissait d'hosannas en l'honneur de l'Astre de Versailles. Sa gloire ne rayonnait pas seulement le jour ; elle étincelait aussi la nuit ! Lorsque les savants de l'Observatoire découvraient les satellites de Saturne, comment les appelaient-ils ? *Les Etoiles de Louis le Grand !* Lorsque l'Académie française mettait au concours un prix de poésie, quel était le sujet de la pièce ? Louis le Grand ! toujours Louis le Grand !

Ecoutez plutôt !

En 1675 : *La gloire des armes et des lettres sous Louis XIV ;* en 1679 : *que la victoire a toujours rendu Sa Majesté plus facile à la paix ;* en 1681 : *qu'on voit toujours Sa Majesté tranquille, quoique dans un mouvement continuel ;* en 1689 : *les grandes choses que le roi a faites pour la religion catho-*

lique; en 1685 : *la gloire que le roi s'est acquise en se condamnant dans sa propre cause ;* en 1690 : *les nations les plus éloignées viennent rendre leurs hommages au roi;* en 1691 : *que le roi seul en toute l'Europe défend et protège le droit des rois ;* en 1693 : *plus le roi mérite de louanges, plus il les évite...*

Le pauvre homme !! On s'arrête essoufflé, sans oser poursuivre. Le pauvre homme ! On comprend qu'il ait eu le désir de se réfugier dans quelque coin ignoré afin d'échapper à cet horrible concert de louanges ! Pour qu'il n'ait pas succombé à de tels coups d'encensoir, il fallait que Louis XIV eût la plus robuste constitution de son royaume. Il y résista héroïquement, et son plus beau titre de gloire sera peut-être d'avoir su garder son bon sens, dans une position où tant d'autres seraient devenus fous d'orgueil. Ses derniers moments nous prouvent en effet, d'une manière touchante, qu'il avait gardé un vrai fond de philosophie. A son entourage, à ses valets qui, plus grisés que lui par la flatterie, commençaient à le regarder comme un être au-dessus de l'humanité, il dit avec le triste sourire des agonisants : « Pourquoi pleurez-vous ? Me croyez-vous immortel ? »

Voilà de belles paroles ! voilà un beau coucher de soleil ! on ne saurait mieux mourir, ni plus à propos. En s'éteignant, avant les hontes de Louis XV, l'astre de Versailles dis-

parut de l'horizon dans toute sa gloire, et
nous nous réjouissons qu'il n'ait pas eu à
rougir des taches que l'héritier de ses rayons
devait ajouter au soleil.

UN COURTISAN DE LETTRES

COURTISAN DE LETTRES

(Gabriel NAUDÉ et son livre sur les coups d'Etat)

Dans un livre intitulé : *Considérations
politiques sur les coups d'Etat*, nous lisons,
à propos des massacres de la Saint-Barthé-
lemy, les passages suivants :

« Je ne craindrai point toutefois de dire que
« ce fut une action très-juste et très remar-
« quable, et dont la cause étoit plus que légi-
« time, quoique les effets en ayent été bien
« dangereux et extraordinaires. C'est une
« grande *lâcheté*, ce me semble, à tant d'his-
« toriens françois d'avoir abandonné la cause
« du roi Charles IX et de n'avoir montré le
« juste sujet qu'il avoit eu de se défaire de
« l'amiral et de ses complices.....

« ..... Il y avoit un grand sujet de louer
« cette action, comme le seul remède aux

« guerres qui ont été faites depuis ce temps-
« là, et qui suivront peut-être jusqu'à la fin
« de notre monarchie, si l'on n'eût point man-
« qué à l'axiome de Cardan, qui dit : *Nunquam
« tentabis, ut non perficias* (il ne faut jamais
« rien entreprendre si on ne le veut achever).
« Il falloit imiter les chirurgiens experts,
« qui, pendant que la veine est ouverte, tirent
« du sang jusqu'aux défaillances, pour net-
« toyer les corps cacochymes de leurs mau-
« vaises humeurs. Ce n'est rien de bien partir,
« si l'on ne fournit la carrière : le prix est au
« bout de la lice et la fin règle toujours le
« commencement...

« ... D'où vient donc que cette action, puis-
« qu'elle étoit si légitime et si raisonnable, a
« néanmoins été et est encore tellement blâ-
« mée et décriée : pour moi, j'en attribue la
« première cause à ce qu'elle n'a été faite qu'à
« demi, car les Huguenots qui sont restés
« auroient *mauvaise grâce* (sic !!!) de l'ap-
« prouver, et beaucoup de catholiques, qui
« voyent bien qu'elle n'a de rien servi, ne se
« peuvent empêcher de dire qu'on se pouvoit
« bien passer de l'entreprendre, puisque l'on
« ne la vouloit pas achever; ou au contraire
« si l'on eût fait main basse sur tous les héré-
» tiques, il n'en resteroit maintenant aucun,
« au moins en France, pour la blâmer, et les
« catholiques pareillement n'auroient pas
« sujet de le faire, voyant le grand repos et
« le grand bien qu'elle leur auroit apporté... »

Les Peaux-Rouges ne raisonneraient pas autrement et, s'ils écrivaient, c'est ainsi qu'ils aimeraient à tremper leur plume dans le sang encore chaud de leurs ennemis. Pour l'honneur des lettres, nous voudrions que ces lignes atroces eussent été tracées, au lendemain du massacre, par l'un des bourreaux de Catherine de Médicis; mais, nous devons l'avouer, cette littérature d'inquisiteur ou de boucher, ce livre de sauvage faisait son apparition au moment même où le grand Corneille donnait aux partis, dans *Cinna*, la plus éloquente leçon de clémence qu'ils aient jamais entendue! Et, dernière surprise! ces pages monstrueuses, ces principes d'antropophage, étaient l'œuvre du plus doux, du plus inoffensif des hommes!

L'auteur des *Considérations politiques sur les coups d'État* avait à ce point l'estime de ses contemporains que sa mort fut pleurée, en latin et en français, par tous les lettrés du temps. Chacun d'eux apporta sur sa tombe son tribut de regrets, et les éloges, dont on couvrit ses dépouilles mortelles, furent assez nombreux pour que le R. P. Jacob en composât un monument funèbre qui porte cette inscription: *Gabrielis Naudœi tumulus.*

Dans une des épitaphes de ce recueil le poète Collet donne la parole au défunt et lui fait raconter, en peu de mots, l'histoire très-vraie de sa vie:

> Dès ma jeunesse la plus tendre
> Je me donnay tout aux Neuf Sœurs,
> Et ne cessay jamais d'apprendre
> Les beaux-arts et les bonnes mœurs.
> Si je suivis les Grands, les Ministres, les Princes,
> Si je courus du Nord les dernières provinces,
> Ce fut pour y chercher les Livres plus fameux.
> J'aimay leur entretien qui me fit tant paroistre :
> Enfin comme Paris pour eux m'avoit veu naistre,
> Abbeville en pleurant me vit mourir pour eux.

Comment un lettré qui aimait tant les livres se décida-t-il à en écrire un si mauvais ? comment un homme si doux se montra-t-il si cruel ? Il y a là quelque énigme dont nous trouverons peut-être l'explication dans les croyances de l'auteur. Si le fanatisme religieux ne donne pas droit à un acquittement, il suffit du moins pour obtenir le bénéfice des circonstances atténuantes. Cherchons !

Gabriel Naudé était-il catholique ? de naissance certainement, de conviction aussi peu que possible. Il répétait souvent « qu'il y avoit quatre choses dont il falloit se garder, afin de n'être point trompé, savoir : de prophéties, de miracles, de révélations et d'apparitions. » Il disait aussi « qu'il falloit demeurer comme l'on étoit et que c'étoit la marque d'un esprit mal tourné de changer si souvent de religion, que le tout n'en valoit pas la peine. » Tous ces propos, et beaucoup d'autres que nous passons sous silence, nous ont été conservés par Gui-Patin, son confrère et ami. Dans une lettre du 27 août 1648 le fameux médecin achève, en quelques traits

rapides, la physionomie de ce libre-penseur
avant le mot.

« M. Naudé, bibliothécaire de M. le cardinal Mazarin, intime ami de M. Gassendi,
comme il est le mien, nous a engagés, pour
dimanche prochain, à aller souper et coucher
nous trois en sa maison de Gentilly, à la
charge que nous ne serons que nous trois, et
que nous y ferons la débauche; mais Dieu
sait quelle débauche ! M. Naudé ne boit naturellement que de l'eau et n'a jamais goûté de
vin... Et néanmoins ce sera une débauche,
mais philosophique, et peut-être quelque chose
davantage; peut-être tous trois, guéris du
loup-garou et délivrés du mal des scrupules,
qui est le tyran des consciences, nous irons
peut-être, jusque fort près du sanctuaire. Je
fis l'an passé ce voyage de Gentilly avec M.
Naudé, moi seul avec lui, tête à tête, il n'y
avoit point de témoins, aussi n'y en falloit-il
point; nous y parlâmes fort librement de tout,
sans que personne en ait été scandalisé. »

Cette liberté de langage, que Naudé se per-
mettait à huis-clos avec ses amis, a laissé sa
trace dans la plupart de ses écrits. Il suffit de
les lire attentivement pour se convaincre de
son indifférence en matière de religion. S'il
n'était pas athée, comme l'a dit Sylvain Maréchal dans son fameux *Dictionnaire*, il faut
bien convenir qu'il n'était orthodoxe qu'à la
façon du docteur Strauss ou de Renan.

Convaincu d'incrédulité par le témoignage

de ses contemporains, et par ses propres
paroles. Gabriel Naudé demeure donc responsable des propositions monstrueuses que nous
avons citées, à moins que la postérité bien-
veillante ne consente à lui trouver une excuse
dans les erreurs et les faux principes de la
philosophie de son siècle. Mais, sur ce point
encore, la justification de l'auteur est impossible. Naudé n'était pas homme à accepter des
opinions toutes faites : il était bien au-dessus
de son temps. Si son livre des *Coups d'État*
est rempli de lieux communs, qu'il écrivait
sinon sous la dictée, du moins sous l'œil d'un
maître, nous y rencontrons, de çà de là, quelques pensées audacieuses qui lui échappent
malgré lui. Il semble, par moments, que
l'écrivain contraint, comme un prisonnier qui
se dérobe à la surveillance de son geôlier,
profite d'une fenêtre ouverte pour respirer à
pleins poumons un peu d'air libre. Tel est ce
passage :

« ... Je puis répondre que les souverains
« nous sont donnés, ou par succession ou par
« élection ; or, de ces deux moyens, le pre-
« mier suit la nature à laquelle nous obéis-
« sons ponctuellement, sans restriction ou
« considération d'aucune circonstance, voire
« même :

*Dum pecudes auro, dum murice vestit
asellos.*

Quand il revêt d'or les brebis, et les ânes
de pourpre.

« Et le second dépend des brigues, monopo-
« les et cabales de ceux qui se trouvent les
« plus riches et les plus puissants d'amis, de
« faveurs et d'argent, pour satisfaire à leur
« ambition. De manière que ce seroit parler
« en vrai pédant de proposer ou de penser
« seulement que les considérations de la vertu
« et des mérites puissent avoir lieu parmi un
« tel désordre... »

Oser comparer les peuples à des brebis revê-
tues d'or et les rois à des ânes couverts de
pourpre, oser faire le procès à la monarchie,
tant héréditaire qu'élective, et l'exécuter en
deux traits de plume en plein dix-septième
siècle, à la veille du règne de Louis XIV !

Nous verrons bientôt que ce que nous pre-
nons ici pour de la hardiesse n'était que de
l'habileté. Quel que fût d'ailleurs le motif qui
poussât Naudé à sortir de sa réserve habi-
tuelle, tenons maintenant pour certain qu'il
avait, sur les rois et sur la monarchie, des
idées beaucoup plus avancées que les plus
illustres de ses contemporains. Un tel penseur
ne devait pas écrire un livre destiné à absou-
dre, au moyen de raisons captieuses, les
meurtres commis par les rois et leurs premiers ministres. Il ne devait pas essayer de
démontrer, à des gens déjà trop convaincus,
que le souverain a le droit de se défaire par
des moyens violents de l'ennemi qu'il « ne
peut pas facilement abattre par des voyes
ordinaires. »

Les derniers mots du drame d'Antoni :
« Elle me résistait, je l'ai assassinée !... »
résument toute la morale des *Coups d'État*.
Un tel livre n'est pas un traité de philosophie
ni de politique, mais un Code secret que le
souverain, chargé de crimes de lèse-sujets,
ouvre de temps à autre pour y chercher un
texte complaisant qui calme les révoltes de
sa conscience. Celui qui l'aurait écrit par
contrainte se serait montré faible, celui qui
l'aurait écrit par cupidité se serait montré
infâme.

Entre ces deux conclusions, il y a peut-être
place pour un jugement tout à la fois plus
sévère et plus doux. Comme homme et comme
écrivain Gabriel Naudé était très-estimable,
très-estimé. Cependant il a écrit un livre qu'il
ne pensait certainement pas. Nous ne voulons
rien exagérer, mais nous prétendons que cet
ouvrage soit porté au passif de sa gloire. Voici
les pièces du procès ; le lecteur jugera en
dernier ressort.

Gabriel Naudé naquit à Paris en 1600.
Comme il montra, dès son enfance, un goût
particulier pour l'étude, ses parents prirent
beaucoup de soin de son éducation. Lorsqu'il
lui fallut choisir une profession, il se décida
pour la médecine et ne tarda pas à se faire un
nom dans cette science. Le cardinal Bagni,
alors nonce du pape en France, sur la recommandation de Pierre du Puy, l'institua comme
son bibliothécaire et l'emmena avec lui à

Rome au printemps de l'année 1631. Ce fut
une bonne fortune pour Naudé ; car il était
moins né pour exercer son art que pour en
approfondir la théorie. A partir de ce jour,
ses loisirs se dépensent entre la médecine, les
lettres et la bibliographie. Commis à la garde
d'une riche bibliothèque, il s'occupe surtout
de l'enrichir et, quand il ne donne pas la
chasse à quelque exemplaire de prix, il aime
tant les livres que, sans doute pour en grossir
le nombre, il en compose lui-même le plus
qu'il peut. Mais voici qu'un ordre imprévu
vient soudain déranger l'équilibre d'une vie
si bien assise.

Au milieu de ses paisibles travaux, Naudé
avait oublié qu'il était aux gages d'un prélat,
en un mot qu'il avait un maitre, et, comme
l'écrit brutalement Bayle dans son *Dictionnaire*, qu'il était le « domestique » du cardinal Bagni ! Tout à coup, vers la fin de l'année
1638 ou le commencement de 1639, le pauvre
lettré reçoit l'ordre d'écrire un livre sur les
coups d'Etat.

« Ce livre n'a pas été composé pour plaire
à tout le monde, avoue Naudé dans son avertissement... Comme il (l'auteur) ne s'est mis
à le faire que par obéissance, il a été obligé
de coucher sur le papier les mêmes discours
dont il s'était servi en parlant à Son Eminence. Aussi n'est-ce pas pour rendre cet
ouvrage public qu'il a été mis sous la presse ;
elle n'a roulé que par le commandement, et

pour la satisfaction de ce grand prélat qui n'a ses lectures agréables que dans la facilité des livres imprimés et qui, pour cette cause, a voulu faire tirer une douzaine d'exemplaires de celui-ci... En un mot, l'auteur n'a eu d'autre but que la satisfaction de Son Eminence, tant pour composer que pour publier cet ouvrage. »

Il est nécessaire ici de trier la vérité ; car il y a dans cet humble aveu une bonne part pour le mensonge. Nous ne doutons pas que Naudé, en écrivant son livre, n'ait subi une contrainte morale. Il était trop ami de son repos pour aborder un sujet plein de dangers qui pouvait, s'il le traitait avec sincérité, l'exposer sinon à des persécutions, au moins à une disgrâce. D'ailleurs, à défaut d'autres preuves, la gêne qu'il ressent en entrant en matière, l'embarras de son style, ses raisonnements pénibles, ses regrets à moitié ébauchés, tout indique clairement qu'il ne prend la plume que malgré lui. « Si je sçavois, s'écrie-t-il à la fin de son premier chapitre, que le peu que j'en dirai pût causer quelque abus et désordre plus grand que celui qui est aujourd'hui en pratique entre les princes, je jetterois tout maintenant la plume et le papier dans le feu et ferois vœu d'éternel silence, pour ne me point acquérir la louange d'un homme fin et rusé dans les spéculations politiques, en perdant celle d'un homme de bien, de laquelle seule je veux faire capital et me vanter tout le reste de ma vie. »

Dans ce cri éloquent n'y a-t-il pas comme un besoin de se justifier, comme une sorte d'amende honorable ? Mais poursuivons. Après la part de la vérité, voici celle de l'erreur. Naudé déclare que l'ouvrage ne fut tiré qu'à douze exemplaires. Cela est matériellement faux. Colomiez, un contemporain, nous apprend dans son *Recueil de Particularités* que la première édition — l'édition in-1° de 1639 — avait été tirée à plus de cent exemplaires. Nous insistons sur ce fait ; car nous verrons bientôt comment un mensonge contribue souvent à la découverte de la vérité.

En cherchant à nous tromper sur l'importance du tirage de ses *Considérations sur les coups d'Etat*, Naudé avait un double but. Il saute d'abord aux yeux que, le cœur attristé d'avoir écrit un livre que sa conscience condamnait, il essayait d'atténuer sa faute en nous représentant le mal, qu'elle était appelée à faire, comme beaucoup moins grand qu'on n'aurait pu le craindre ; enfin il avait voulu apporter une preuve à l'appui de la singulière affirmation contenue dans l'avertissement des *Coups d'Etal*.

Il est étrange en effet que le cardinal Bagni ait eu l'idée de se faire imprimer un livre pour lui tout seul. Le cas est rare dans les annales de l'imprimerie. Cependant, admettons-le comme vrai. Soit ! ce fut une fantaisie

de grand seigneur ! Il faut bien reconnaître
alors que le prélat italien eût tenu à faire
largement les choses ; quand on se lance sur
le terrain des folies, on va jusqu'au bout : si
c'est une robe, dessinée pour une reine, on
brise le métier, quand l'étoffe précieuse en est
sortie ; si c'est un livre, on renvoie à la fonte
les caractères tout neufs, qui viennent de
produire un chef-d'œuvre de typographie ! En
fut-il ainsi ? Non, l'édition in-f° de 1639 n'a
rien d'extraordinaire ; c'est le livre de tout le
monde. Alors pourquoi tant de réticences,
tant de précautions ! Ah ! pourquoi ? parce
que les *Coups d'État* ne furent écrits ni pour
le prélat italien, ni sur son ordre. Dans toute
cette affaire le cardinal Bagni ne fut qu'un
prête-nom.

« J'ai appris du P. Jacob, dit Colomiez dans
« son *Recueil de Particularités*, que Naudé
« fit ce livre par le commandement de M.
« d'Emeri surintendant des finances, et non
« pas par celui du cardinal Bagni, qui étoit
« mort ; à qui il parle néanmoins de temps en
« temps dans l'ouvrage, pour se cacher... »

Ici, Colomiez est bien certainement sur la
trace de la vérité ; mais, au lieu de le suivre
en bons limiers sur le même terrain, tous les
critiques ou biographes, s'apercevant de l'erreur matérielle qu'il a commise, prennent
immédiatement une fausse piste et s'éloignent
en aboyant après l'infortuné Colomiez, tant
les gens de lettres ont de plaisir à se déchirer

entre eux ! Il est vrai qu'ils ne sont pas moins
heureux de se copier les uns les autres, et de
répéter les mêmes sottises d'âge en âge et de
livre en livre. Témoin le passage erroné de
Colomiez.

« Je ne sçai si l'on doit faire beaucoup de
« fond sur ce récit, écrit d'abord le P. Nicé-
« ron ; ce qu'il y a de sûr, c'est qu'il est faux
« que le cardinal Bagni fût mort, lorsque
« Naudé composa cet ouvrage, puisqu'il parut
« en 1639 et que ce cardinal ne mourut que
« deux ans après en 1641. »

Voilà qui est magnifiquement raisonné,
mais qui ne nous avance guère ! Le continua-
teur du *Dictionnaire* de Bayle n'en répète
pas moins le même raisonnement en le com-
plétant ainsi :

« A moins que de supposer que Naudé ait
« voulu se moquer du cardinal Bagni, qui
« vivoit, il est évident que l'anecdote de Colo-
« miez doit être fausse, et, quand on suppo-
« serait que ce prélat était mort, l'auteur ne
« se serait-il pas fait moquer de lui, en tenant
« un pareil langage et en adressant son livre
« à un mort ? »

En effet, la plaisanterie se fût retournée
contre le mauvais plaisant. Mais aussi pourquoi prêter aux gens des ridicules qu'ils n'ont
pas ? Il est attristant de voir le peu de sérieux
qu'il y a quelquefois dans les gros livres dits
sérieux ! Comme nos biographies modernes
ne sont, dans l'espèce, que l'écho trop fidèle

de la même erreur, nous allons tâcher de découvrir ailleurs la vérité.

> ..... Sans en chercher la preuve
> En tout cet univers et l'aller parcourant,

je la trouve dans le livre même de Naudé. Pour qui sait lire entre les lignes, il est évident que son ouvrage n'a pas eu d'autre but que d'offrir au lecteur une apologie complète de la politique de Richelieu. Si l'on avait encore quelques doutes à cet égard, le dernier chapitre se chargerait, à lui seul, de les dissiper. On y trouve une glorification hyperbolique du cardinal, qui se termine, comme une féerie du Châtelet, par une apothéose, dont la nullité de Louis XIII fait généreusement tous les frais. Il est bien vrai que, de temps à autre, Naudé ne ménage pas les compliments au cardinal Bagni, son protecteur, mais il est encore plus certain que l'éloge dépasse la taille du prélat italien et va, par dessus sa tête, à une autre adresse.

Remarquons toutefois que cet éloge du vainqueur de La Rochelle est moins une flatterie qu'un habile exposé des motifs, qui obligent Louis XIII à appuyer sa faiblesse sur la robuste intelligence de son premier ministre. Si Naudé tient la plume, il est évident qu'il écrit sous la dictée de Richelieu.

Ce n'était pas la première fois que le rusé ministre se servait du livre pour agir sur l'esprit du prince. Quelques années auparavant, il avait commandé au père Joseph un *Traité sur l'unité du ministre et les qualités qu'il doit avoir*. Dans cet ouvrage, destiné à Louis XIII, l'auteur soutient « qu'un roi ne peut se passer d'un premier ministre qui soit ecclésiastique ; qu'il est juste de lui laisser une pleine autorité, de le combler d'honneurs et de richesses ; de se défier des plaintes dont il serait l'objet ; et que le prince, eût-il promis d'en garder le secret, est tenu de les lui communiquer... »

Nous retrouvons les mêmes idées développées dans les *Considérations sur les coups d'Etat*, mais comme accessoire ; l'ouvrage avait surtout pour but de justifier, aux yeux du roi, les meurtres politiques du cardinal.

Après avoir réduit à l'impuissance le parti des huguenots, qui formait comme un second état dans l'Etat, la politique de Richelieu s'était proposé, comme autre objectif, de fonder l'unité de la monarchie sur les ruines de la féodalité. Avec la hache du bourreau, le premier ministre réalisa le rêve de Tarquin et fit rouler toutes les têtes qui lui semblaient trop élevées. Mais, dans cette chasse furieuse aux rebelles, il lui arriva trop souvent de confondre ses ennemis avec ceux de l'Etat. Trop souvent, quand il craignait un acquittement, il envoyait l'accusé, distrait de ses juges naturels, devant un tribunal extraordinaire qui s'inspirait plus de la haine du cardinal que de la justice. C'est ainsi que, pour obtenir la condamnation du maréchal de Marillac, il installa dans sa propre maison de Ruel le tribunal de bourreaux auxquels il demandait la tête de son ennemi. Après tant de crimes, à peine déguisés, un cri d'horreur partit de tous les points de la France. Indifférent d'abord, tant que la tempête passa au-dessus de lui pour frapper les hautes cimes, lorsqu'il se vit atteint à son tour, quand l'exagération des tailles le poussa à la révolte, le peuple mêla bientôt sa voix à celle des grands. Il en résulta un tel concert de malédictions que le bruit en arriva, malgré la sourdine qu'on y plaçait, jusqu'aux oreilles du roi. La terreur qu'éprouva Louis XIII fut d'autant plus grande qu'il s'y mêlait des remords : car, plusieurs fois, il avait eu la coupable faiblesse de prêter la collaboration de son autorité royale aux actes de vengeance de son premier ministre.

Inquiet, comme aux premiers jours de la faveur, Richelieu craignit que l'esprit du roi ne lui échappât. Quinze années de servitude ne lui semblaient pas une garantie suffisante.

Pour s'assurer l'avenir, il résolut de frapper un grand coup sur l'imagination de Louis XIII. Malheureusement son intime confident, le dépositaire de ses secrets, son collaborateur anonyme, le P. Joseph était mort. A tout prendre, cette perte n'était pas irréparable. La nécessité aidant, Richelieu se dit sans doute que, puisqu'il n'avait plus sous la main

son écrivain ordinaire, il valait mieux en
aller chercher un au-dehors. Les conseils qui
viennent de loin, par un miracle d'acoustique,
sont souvent mieux entendus que ceux qui
viennent de près ; et, un étranger, même
médiocre, a plus de crédit sur notre intelligence qu'un bon esprit que nous coudoyons
tous les jours. D'ailleurs n'était-il pas nécessaire d'agir avec mystère et de ne pas laisser
voir qu'on dictait soi même sa justification ?

Pour mener à bonne fin cette affaire, Richelieu jeta les yeux sur le cardinal Bagni qui
lui avait donné, pendant sa nonciature, plus
d'une preuve de dévoûment. Si les services
qu'il lui avait rendus, soit en négociant la
Ligue catholique en Allemagne, soit en
s'employant à le réconcilier avec la Reine-
Mère, étaient encore présents à sa mémoire,
il n'avait pas oublié non plus que le prélat
italien, en quittant la France, avait emmené
avec lui comme secrétaire un des plus brillants lauréats de la Faculté de médecine de
Paris. Il se rappelait si bien les premiers
succès du jeune savant qu'il lui avait conféré
en 1633 le titre de médecin de Louis XIII.
Depuis ce jour les nombreuses publications
du fécond érudit n'avaient cessé de ramener
l'attention du cardinal sur les œuvres de
Gabriel Naudé. En effet, lorsque le premier
ministre ordonna d'imprimer au Louvre l'*Imi-
tation de Jésus-Christ*, lorsque de nombreuses rivalités se trouvèrent en présence relati-

vement à la question de savoir sous quel nom
d'auteur ce livre serait publié, ce fut Naudé
que Richelieu désigna pour examiner les manuscrits et trancher le différend. Il n'y eut
pas seulement rapprochement intellectuel entre
le puissant cardinal et l'humble littérateur,
la reconnaissance s'en mêla ; pour récompen-
ser Naudé de ses services, publics ou privés,
Richelieu voulut en 1642 le rappeler à Paris
et en faire son bibliothécaire.

On voit par quel enchainement de circonstances Richelieu dut être amené à *commander*
le traité des *Coups d'Etat*. Comme il était
trop lettré, ou trop prudent, pour oublier le
précepte du poète latin, *scripta manent,
verba volant*, le roi sans couronne, se gar-
dant d'écrire, envoya un homme sûr en Italie
pour négocier l'affaire. Lors des troubles sus-
cités par le duc de Montmorency, le cardinal
avait eu lieu d'éprouver le zèle et la discrétion
de l'intendant des finances d'Emery. Ce fut
lui qu'il chargea de cette nouvelle mission de
confiance. Le voyage mystérieux de d'Emery
en Italie donna lieu à plus d'un commentaire ;
de là cette affirmation du P. Jacob, recueillie
par Colomiez « que Naudé fit ce livre (les
« Coups d'Etat) par le commandement de M.
« d'Emeri. » Il était difficile, comme on dit à
un certain jeu, de *brûler* davantage. Mais
pour saisir la vérité, dont ils étaient si près,
les critiques n'auraient pas dû négliger de la
chercher dans l'ouvrage même de Gabriel Naudé.

C'est là, surtout dans le dernier chapitre
du livre, c'est là qu'on trouve à chaque page
l'inspiration directe de Richelieu. Il ne se
contente pas de faire lire à son royal pupille
l'éloge de son tuteur et l'apologie de sa politique, il veut, il veut avant tout discipliner
son esprit et l'enchaîner par la peur à sa fortune. Ainsi, quand il s'agit des devoirs du
Prince envers son premier ministre, l'auteur
des *Coups d'État* écrira, sous la dictée du
cardinal, les préceptes que voici :

« ... Le premier sera de le traiter en ami,
« non pas en serviteur, de parler et conférer
« avec lui à cœur ouvert, de ne lui rien céler
« de tout ce qu'il sçaura, de lui ouvrir une
« entière confidence et de traiter avec lui
« comme il feroit avec soi-même, sans avoir
« honte de lui déclarer sa faiblesse, ignorance,
« *imbécillité*, ou tel autre défaut qu'il pourra
« avoir ; ni aussi son dépit, ses fâcheries,
« colères, mécontentement et semblables pas-
« sions qui le pourront tourmenter... »

« Son imbécillité ! » Si la philosophie con-
siste à se connaître soi-même, il faut convenir que Louis XIII dut être un grand philosophe ; un philosophe malgré lui, il est vrai ;
car il est probable que sans la main de fer de
Richelieu, qui lui présentait ce livre ouvert
comme un miroir, le piètre souverain n'aurait
jamais eu le courage de regarder en face
l'image de sa nullité. On ne peut s'empêcher
de plaindre ce pauvre élève qui portait la

couronne d'épines, tandis que son maitre, qui
tenait le sceptre, s'en servait par moments
comme d'une férule. Cependant les rois ont si
rarement l'occasion de s'éclairer sur leurs propres faiblesses qu'on serait presque tenté
d'excuser Gabriel Naudé de s'être fait le complice d'un si brutal enseignement. Sur ce
point, nous consentirions à lui pardonner sa
complaisance, s'il n'eût semé dans son livre,
pour la justification de Richelieu, des maxi-
mes qui, sous le prétexte de raison d'État,
mettent les plus grands crimes à couvert de
toute sanction morale.

Maintenant que nous touchons à la fin de
ce petit procès littéraire, après avoir groupé
sous les yeux du lecteur les pièces de conviction, écoutons encore un témoin à charge.
Nous regrettons de le dire, la déposition va
sortir de la bouche d'un des meilleurs amis
de Naudé.

Voici en effet en quels termes cruels Gui-
Patin, dans ses lettres, juge le caractère de
l'auteur des considérations sur les Coups
d'État :

« Je ne veux point oublier que M. Naudé
faisoit grand état de Tacite et de Machiavel ;
et quoiqu'il en soit, je pense qu'il étoit de la
religion de son profit et de sa fortune, doc-
trine qu'il avoit puisée et apprise *in curia
romana...* »

La manière de vivre de Naudé vient à l'appui de ce témoignage écrasant. Toute sa vie,

nous le voyons plier sa volonté, quelquefois
hélas ! sa pensée, aux exigences et aux capri-
ces d'un maître. Dès l'aurore de sa jeunesse,
à cet âge où l'on aime tant la liberté, il recherche la protection du président de Mesmes ; de
là il entre dans la maison du cardinal Bagni ;
ensuite nous le retrouvons attaché au cardinal Barberini ; puis Richelieu le rappelle à
Paris, trop tard pour lui, mais assez tôt pour
le léguer à son successeur Mazarin ; enfin,
après la proscription de Mazarin, il accepte
les offres de Christine, reine de Suède, et ne
rentre en France que pour rentrer au service
du vainqueur de la Fronde.

Cette agitation perpétuelle de solliciteur est
une mauvaise gymnastique pour l'âme. On y
perd son indépendance, quand on n'y laisse
pas davantage. En un mot Gabriel Naudé
était trop *fonctionnaire* pour ne pas trouver
qu'une place vaut bien un mensonge. Richelieu lui commanda les *Considérations politiques sur les Coups d'Etat* et, docilement, il
écrivit sous son inspiration le mauvais livre
que j'ai voulu inscrire au passif de sa gloire.

J'ai beau me rappeler le doux naturel, la
bienveillance, l'esprit, le talent de Gabriel
Naudé, je ne lui trouve d'excuse que dans le
mépris qu'il professe lui-même pour le système des coups d'Etat. Puisque les rois, de
leur propre aveu, ne peuvent se tenir debout
qu'à la condition de chercher leur point d'appui en dehors de la morale que pratiquent les

honnêtes gens qu'ils gouvernent, puisqu'ils affirment hautement que la *raison d'État* les autorise à se passer de la justice quand « l'exécution doit précéder la sentence ; » nous ne voyons pas en effet qu'il y ait grand crime à réunir, pour leur usage, en un code complet, les gredineries qu'ils sont appelés à commettre dans l'exercice de leurs fonctions. On n'a pas besoin de convaincre ce qui est convaincu, ni souci de corrompre ce qui est corrompu. Sur ce point, nous consentons à donner raison à l'auteur des *Coups d'État*. Nous regrettons seulement qu'il soit né trop tard pour emprunter à Frédéric-le-Grand une épigraphe, qui conviendrait étonnamment à son livre :

« Comme on est convenu parmi les hommes, écrit le fameux conquérant dans un manuscrit intitulé : *Matinées royales*, que duper son semblable est une action lâche et criminelle, on a été chercher un moyen qui adoucit la chose, et c'est le mot *politique* qu'on a choisi infailliblement. Ce mot n'a été employé qu'en faveur des souverains, parce que, décemment, on ne peut nous traiter de coquins et de fripons. »

Si les loups ne se mangent pas entre eux, ils se jugent bien.

HISTOIRE D'UNE CORRECTION
1656

HISTOIRE D'UNE CORRECTION

(1656)

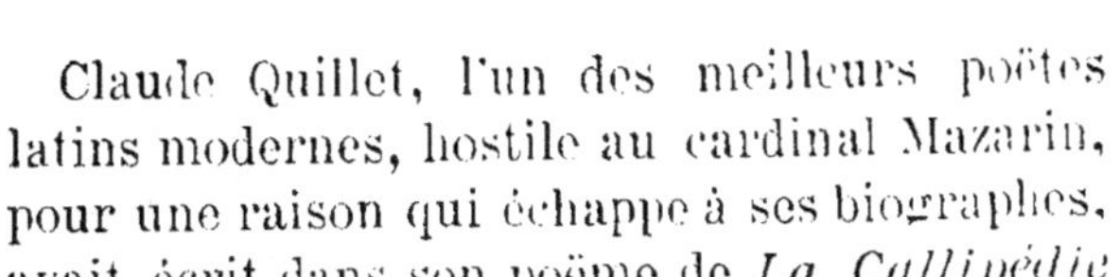

Claude Quillet, l'un des meilleurs poëtes
latins modernes, hostile au cardinal Mazarin,
pour une raison qui échappe à ses biographes,
avait écrit dans son poëme de *La Callipédie*
six vers satiriques contre le fameux ministre
et sa famille.

L'édition in-8° de 1656, qui succéda au
volume in-4° de 1655, présentait au lecteur la
légère variante que nous allons signaler. Les
six vers primitifs avaient reçu une rallonge
de sept nouveaux hexamètres et subi eux-
mêmes une métamorphose qui eût étonné
Ovide. L'auteur y faisait patte de velours, et,
à son commandement, l'épigramme rentrait
ses griffes et devenait caressante. Je ne sais
si l'ouvrage, suivant le conseil de Boileau,
avait été remis vingt fois sur le métier ; mais
ce qu'il y a d'incontestable, c'est que, d'épi-

neux qu'il était jadis, il paraissait maintenant très-*poli*.

De ce passage transformé, voici la traduction française que nous donne Monhenault d'Egly :

« Que dirai-je de cet accueil, de ces caresses,
« avec lesquels on reçoit à la Cour de France
« ceux qui sont persécutés par la mauvaise
« fortune ? La France tend les bras à tous les
« étrangers ; elle appelle même au maniement
« des grandes affaires et au secret de l'Etat
« ceux d'entre eux en qui elle reconnait un
« génie propre à les gouverner, avec une
« prudence consommée, et elle les élève aux
« honneurs qu'ils ont mérités. Avec quelle
« affabilité ne fut pas reçu ce grand person-
« nage, décoré de la pourpre romaine, qui
« gouverne si sagement les Français ! Mais
« aussi par quels bienfaits ne leur marque-t-il
« pas sa reconnaissance, lorsque, comme un
« nouvel Hercule, il soutient leur empire et
« que, redoutable par sa massue victorieuse,
« il écrase la tête du Geryon Espagnol ! »

En moins d'un an, Mazarin avait-il donc perdu son accent italien et renoncé à sa nationalité ? Ou bien s'était-il enfin repenti d'avoir abusé de sa haute position pour enrichir scandaleusement ses parents ? Mon Dieu non ; la politique du ministre n'avait pas plus varié que le mépris qu'elle inspirait encore, mais *in petto*, à l'auteur de *la Callipédie*. Il n'y avait eu de changement que dans la position du poète.

Au moment où il publiait son ouvrage à Leyde, sous le pseudonyme de *Calvidius Lætus*, Quillet n'avait probablement aucune raison personnelle de détester Mazarin ; seulement, comme ceux de ses contemporains qui comptaient sur la faveur des grands pour obtenir des pensions, il voyait d'un œil jaloux les meilleures places aller aux créatures italiennes. Et il aiguisa quelques vers en forme d'épigrammes. Mais, entre l'édition de 1655 et celle de 1656, une abbaye survint et voilà la paix signée !

Il ne sera pas sans intérêt de voir comment une édition peut être d'autant mieux corrigée que la fortune de l'auteur se trouve considérablement augmentée.

Quelque temps après la publication de *La Callipédie*, Mazarin reçut l'avis qu'il avait été fort maltraité par l'auteur du poëme. A cette nouvelle, le premier ministre fit rechercher Quillet. Voulait-il se venger ? Voulait-il, au contraire, condamner au silence, par un bienfait, un écrivain dont la plume lui paraissait redoutable ? Ici nous nous trouvons en présence de deux témoignages qui semblent, au premier abord, se contredire.

« ... On l'a cherché, dit Gui Patin dans une de ses lettres, pour le mettre prisonnier, mais il s'est finement et heureusement sauvé ;

même le Mazarin a fait courir après lui, mais
on ne l'a su attraper, et je crois qu'il fera
bien de ne pas se laisser prendre. On dit qu'il
s'est sauvé en Hollande. Ce M. Quillet est un
gros garçon rougeaud et à col court, d'environ
cinquante ans. Je l'ai souvent entretenu ; il
était fort ami de M. Gassendi ; il a bon esprit
et est fort savant, *sed non satis prudenter
sibi cavit, neque satis tuto prospexit suæ
securitati.*

« N'en déplaise aux docteurs Cordeliers, Jacobins,
« Parbleu, les plus grands clercs ne sont pas les plus
[fins. »

Cette lettre avait été écrite le 26 février
1656, c'est-à-dire au lendemain du jour où le
bruit se répandit que le Cardinal avait eu
connaissance des traits satiriques que l'on
avait dirigés contre lui. Gui Patin se fait,
dans sa Correspondance, l'écho des rumeurs
du moment. On dit que Mazarin est furieux,
on dit qu'il a ordonné d'arrêter Quillet, on
dit que l'auteur de la Callipédie s'est réfugié
en Hollande, on dit !... Qu'y avait-il au fond
de tout cela ? Comme toujours beaucoup de
mensonges pour un peu de vérité.

En effet, Quillet n'était pas homme à prendre la fuite sur une simple rumeur. Il ne
manquait pas de bravoure et, comme on dit
en style de duelliste, il avait fait ses preuves
lors de l'affaire des Religieuses de Loudun.

« ... Pendant que M. Laubardemont infor-
moit de la possession de ces religieuses, dit

Moreri, le diable prétendu menaça d'élever le lendemain jusqu'à la voûte de l'église le premier incrédule qui se trouveroit. Quillet, qui entendit cette menace, revint le lendemain et, en présence de M. Laubardemont et d'une grande assemblée, il défia le diable de tenir sa parole et protesta qu'il se mocquoit de lui. Le diable ne répondit rien et n'agit point, ce qui surprit l'assemblée. M. de Laubardemont s'en scandalisa et décréta contre Quillet. Mais celui-ci qui voyoit que, quoique cette possession ne lui parût qu'un jeu, on la prenoit au sérieux, parce que l'on avoit intérêt de la faire croire réelle pour avoir occasion de perdre Urbain Grandier, quitta promptement Loudun, sortit de France et passa en Italie. »

Celui qui avait eu l'audace de braver un Laubardemont pouvait attendre de pied ferme les représailles d'un Mazarin. D'ailleurs Quillet savait, mieux que personne, que jamais ministre n'avait été plus insensible aux pamphlets. Il n'ignorait pas qu'il avait choisi pour devise un rocher battu des vagues avec ces mots : *Quam frustra et murmure quanto !* *(Quel bruit et combien vainement !)* et que jamais emblème ne fut plus exactement l'image du caractère qui l'avait adopté.

Une autre raison devait encore rassurer l'auteur de *La Callipédie*. Il vivait trop dans le monde littéraire pour ne pas avoir entendu mille fois raconter l'aventure du baron Blot. Dans le temps de l'arrêt du Parlement, qui

mettait à prix la tête de Mazarin, ce pamphlé-
taire avait chanté, à la suite d'un souper, le
couplet suivant :

> Creusons tous un tombeau
> A qui nous persécute :
> Que le jour sera beau
> Qui verra cette chute !
> Pour ce Jules nouveau,
> Cherchons un nouveau Brute !

Ayant appris ce qui s'était passé, le Cardinal avait envoyé chercher son ennemi, et lui
avait donné une pension en l'engageant à
renoncer à la satire.

Cet antécédent n'était pas de nature à alarmer le poëte de *La Callipédie ;* nous ajoute-
rons même qu'une telle manière de se venger
pouvait lui faire concevoir de secrètes espérances. Si l'on infligeait la peine d'une pension
au rimeur de couplets *ministricides,* de quel
doux châtiment devrait être frappé l'auteur
d'innocents hexamètres qui ne s'attaquaient
— avec les circonstances atténuantes du latin
— qu'à la nationalité du Cardinal ?

Il est donc fort probable que l'auteur de
La Callipédie, au lieu de quitter la France,
se contenta de se renfermer chez lui tout en
envoyant prudemment quelques amis aux
informations. Comme il était assez connu dans
le monde des lettres, son absence fut naturellement remarquée, et Gui Patin dut croire,
comme beaucoup d'autres, qu'il avait pris la
fuite. Mais lorsqu'il fut suffisamment édifié

sur les intentions du Cardinal à son égard, Quillet s'empressa de sortir de sa cachette.

Si notre interprétation est juste, loin d'être en contradiction avec celui de Ménage, le récit de Gui-Patin en serait, en quelque sorte, la préface ; il le précéderait comme la nouvelle à la main devance la note du *Journal officiel.*

Voici donc, selon Ménage, la fin de l'aventure :

« Le Cardinal fit avertir M. Quillet de lui venir parler ; mais au lieu de lui témoigner du ressentiment, il se plaignit seulement avec douceur de ce qu'il l'avoit si peu ménagé dans son poëme. *Vous savez*, ajouta-t-il, *qu'il y a longtemps que je vous estime et que si je ne vous ai pas fait du bien, c'est que des importuns m'obsèdent et m'arrachent les grâces ; mais je vous promets que la première abbaye qui vaquera sera pour vous.* Quillet, touché de tant de bonté, se jeta aux genoux du Cardinal, lui demanda pardon et promit de corriger son poëme de telle manière qu'il en seroit content, le suppliant dès lors de vouloir bien qu'il le lui dédiât, ce que le Cardinal lui permit. »

Chacune des parties contractantes fit honneur à ses engagements. Le Cardinal s'acquitta le premier de sa dette en nommant Quillet à l'abbaye de Doudeauville, dans le diocèse de Boulogne. De son côté, le poëte adoucit la pointe de ses épigrammes jusqu'à leur donner le poli de l'éloge. Il fit plus ; il commença la seconde édition de son poëme par une épître dédicatoire à Mazarin. Il ne trompa donc point son acheteur sur la qualité de la marchandise vendue, et il put, sans remords, prendre, à la fin du Privilége, la pompeuse qualité d'*abbas Dudavilliens*, abbé de Doudeauville !

Il est vrai qu'en moins de six mois Quillet avait changé d'opinion sur le compte d'un ministre qui n'avait rien changé à sa politique ; mais il lui eût été facile de se justifier en répondant avec une modestie, assez rare dans les lettres, que ses opinions ne valaient pas un revenu de quatre cents pistoles.

TABLE

DU MÊME AUTEUR

LES GRANDS CŒURS. Biographies ; ouvrage couronné par l'Académie française. 2e édition. *Paris, Charavay* ; in-8°, grav.

UNE ÉMEUTE ORIGINALE DES MINEURS DE LITTRY EN 1792. *Caen, Jouan* ; in-8°.

NAPOLÉON ET LA DISETTE DE 1812. *Paris, A. Picard* ; in-8°.

LE DUC D'AUMONT ET LES CENT JOURS EN NORMANDIE. *Paris, A. Picard* ; in-8°.

LES COMPAGNIES DU PAPEGUAY. *Paris, Dentu* ; in-8°.

ARROMANCHES ET SES ENVIRONS. 2e édition. fig. *Caen, Le Blanc-Hardel* ; in-18.

CAEN, SON HISTOIRE ET SES MONUMENTS. *Caen, Valin* ; in-8°.

LE PEINTRE ET AQUARELLISTE SEPTIME LE PIPPRE ; SA VIE, SON ŒUVRE. *Caen, L. Jouan* ; gr. in-8° avec un portrait et 8 phototypies.

LE PEINTRE ROBERT LEFÈVRE ; SA VIE, SON ŒUVRE. Portrait de l'artiste par lui-même. 8 phototypies d'après les originaux. *Caen, L. Jouan* ; gr. in-8°.

NOTICE HISTORIQUE SUR LA BIBLIOTHÈQUE DE CAEN. *Paris, A. Picard* ; in-8°, 2 phototypies.

ÉTUDES SUR LA PRESSE EN NORMANDIE. *Paris, A. Picard* ; in-8°.

Caen démoli. Recueil de notices sur des monuments détruits, avec dessins inédits. *Caen, Le Blanc-Hardel;* gr. in-8°.

Les poésies françaises de Daniel Huet, évêque d'Avranches, d'après des documents inédits. *Paris, Denin;* in-12.

Insuffisance de nos lois contre la calomnie ; dangereuses équivoques de la loi sur la diffamation. *Paris, Larose et Forcel;* in-18.

Eux, drame contemporain en un acte et en prose, par moi. Publié sans nom d'auteur, et attribué à tort, par le dictionnaire des ouvrages anonymes de Barbier, à M. Alexis Doinet. *Caen, 1860;* in-8°.

Brutalités. *Paris, Hachette;* in-32.

Les Balayeuses, satires. *Caen, Le Blanc-Hardel;* in-18.

Après l'Auto-da-Fé, poésies. *Caen, Le Blanc-Hardel;* in-18.

Entre deux tombes ; à Frédéric III, empereur d'Allemagne, 1888 ; poésie. *Caen, Delesque;* in-8°.

IMPRIMERIE
DU JOURNAL DE BAYEUX
32, RUE St-MARTIN